マネー・ローンダリングおよびテロ資金供与対策に対する国際的な要請水準が高まる中，わが国では，2019年のFATF第4次対日相互審査を前に，官民をあげてマネロン・テロ資金供与対策の態勢整備が進められました。

　金融機関においては，引き続き，犯罪収益移転防止法やガイドライン等，各種法制度への対応を踏まえ，リスクベース・アプローチに基づく自らのリスクの特定，評価，低減措置，および不断の改善・見直し等を実施し，実効的なマネロン・テロ資金供与対策を確保する取組みが求められます。

　日本コンプライアンス・オフィサー協会では，2018年7月より，金融機関営業店の一般行職員・パート職員を主な対象に，マネー・ローンダリング等対策の基礎知識の習得程度ならびに営業店実務対応の適合性を判定する「金融AMLオフィサー［基本］」試験，および営業店の管理職の行職員を主な対象に，マネー・ローンダリングおよびテロ資金供与対策に関する法制度の理解度と実務対応の適合性を判定する「金融AMLオフィサー［実践］」試験をCBT方式により実施して参りました。

　さらに，マネー・ローンダリングおよびテロ資金供与対策に係る態勢整備の高度化がわが国金融機関の不断の取組みとして求められるものとの認識から，2019年度より新規実施試験として，コンプライアンス・オフィサー認定試験（金融AMLオフィサー［基本］および金融AMLオフィサー［実践］）を，全国の公開会場においてマークシート方式で実施しております。

　本書は，「金融AMLオフィサー［基本］」および「金融AMLオフィサー［実践］」（マークシート方式・CBT方式）の受験対策のため，マネー・ローンダリング等対策に業務上求められる要点を収載した対策問題集に，巻末資料として，2024年3月実施の全国公開試験の内容を掲載した「2024年度版」です。

　同試験の出題対象範囲は，［基本］および［実践］で相互に重なる部分が

ありますので，取引時確認・疑わしい取引・ガイドライン等に関する基本的な内容は共通して出題されることのほか，［実践］を受験される方については，本書の［基本］の部分も学習が必要となることに留意してください。

なお，試験対策の標準的な学習教材として，経済法令研究会開講の通信講座「マネー・ローンダリング対策徹底理解コース」，書籍「金融機関行職員のためのマネー・ローンダリング対策Q＆A［第3版］」（経済法令研究会刊）による学習をおすすめいたします。また，金融庁「マネー・ローンダリング及びテロ資金供与対策に関するガイドライン」や「マネー・ローンダリング・テロ資金供与・拡散金融対策の現状と課題」，警察庁「犯罪収益移転防止法の概要」，国家公安委員会「犯罪収益移転危険度調査書」などの公表資料を適宜参照されることも，一層の理解に資することと思われます。

本書では，学習の進捗および受験前後の確認のための「Check」欄を設けているほか，一部，解説に関連する知識等を「One Point」として付しておりますので，学習の一助となりましたら幸いです。

本書の活用により，「金融AMLオフィサー［基本］」，「金融AMLオフィサー［実践］」に認定され，日常業務における，より堅確なマネー・ローンダリング等対策の実践につながることを祈念いたします。

2024年3月

日本コンプライアンス・オフィサー協会

目　次

共通問題　三答択一式

問－1　マネー・ローンダリングとは……………………………………2

問－2　マネー・ローンダリングおよびテロ資金供与の問題点および対策‥3

問－3　マネー・ローンダリング対策と犯罪収益移転の防止……………5

問－4　マネー・ローンダリング等への対策を講じない場合のリスク……6

問－5　FATFの概要…………………………………………………………8

問－6　第4次FATF対日相互審査………………………………………10

問－7　第4次対日相互審査結果とその後の政府の対応………………12

問－8　マネー・ローンダリングおよびテロ資金供与対策に関する法律…14

問－9　ガイドラインの特徴………………………………………………16

問－10　ガイドラインにおける経営管理（三つの防衛線等）……………18

問－11　マネー・ローンダリング・テロ資金供与・拡散金融対策の
　　　　現状と課題…………………………………………………………20

問－12　取引時確認および特定事業者の類型……………………………22

問－13　取引時確認が必要な取引の類型…………………………………23

問－14　取引時確認における確認事項……………………………………25

問－15　顧客管理を行う上で特別の注意を要する取引…………………27

問－16　高リスク取引における本人特定事項の確認方法………………29

問－17　疑わしい取引の届出………………………………………………31

問－18　疑わしい取引の参考事例（預金取扱い金融機関）……………33

問－19　マネロン等対策におけるリスクベース・アプローチとは………34

問－20　リスクベース・アプローチによるマネー・ローンダリング等対策……36

[基 本] 三答択一式

問−21 犯罪収益移転防止法上の特定取引等……………………………………40

問−22 金融機関の特定取引……………………………………………………41

問−23 個人の本人特定事項を確認する本人確認書類…………………………42

問−24 法人の本人特定事項を確認する本人確認書類…………………………44

問−25 法人との取引における取引時確認……………………………………45

問−26 取引を行う目的，職業・事業内容を確認する方法……………………47

問−27 取引時確認における法人の実質的支配者……………………………49

問−28 非対面取引における本人特定事項の確認方法…………………………51

問−29 顧客本人と異なる者と取引を行う場合の取引時確認…………………55

問−30 注意すべき本人確認書類の記載事項の取扱い…………………………57

問−31 取引時確認と特定事業者の免責………………………………………59

問−32 取引時確認における留意点……………………………………………61

問−33 犯罪収益移転防止法上の高リスク取引…………………………………63

問−34 外国PEPsとは……………………………………………………………65

問−35 高リスク取引における「資産及び収入の状況」の確認…………………67

問−36 簡素な顧客管理を行うことが許容される取引………………………69

問−37 取引時確認済みの顧客との間の取引…………………………………71

問−38 確認記録の作成・保存義務等…………………………………………73

問−39 取引記録の作成・保存義務等…………………………………………74

問−40 犯罪収益移転危険度調査書……………………………………………76

問−41 疑わしい取引への該当の判断…………………………………………78

問−42 疑わしい取引の届出の方式……………………………………………80

問−43 疑わしい取引の参考事例（預金取扱い金融機関）の内容………82

問−44 ガイドラインに基づく職員の確保，育成……………………………84

問−45 ガイドラインにおける官民連携・関係当局との連携等…………86

問-46 ガイドラインに基づくリスクベース・アプローチにおける
　　　 リスクの特定‥‥‥‥‥‥‥‥‥‥‥‥‥‥‥‥‥‥‥‥‥‥88

問-47 ガイドラインに基づくリスクベース・アプローチにおける
　　　 リスクの評価‥‥‥‥‥‥‥‥‥‥‥‥‥‥‥‥‥‥‥‥‥‥90

問-48 ガイドラインに基づくリスクベース・アプローチにおける
　　　 リスク低減措置‥‥‥‥‥‥‥‥‥‥‥‥‥‥‥‥‥‥‥‥‥92

問-49 ガイドラインに基づくリスクベース・アプローチにおける
　　　 顧客管理措置‥‥‥‥‥‥‥‥‥‥‥‥‥‥‥‥‥‥‥‥‥‥94

問-50 ガイドラインにおけるマネロン等対策に係る方針・手続・
　　　 計画等の策定・実施・検証・見直し（PDCA）‥‥‥‥‥‥‥‥96

［実　践］　三答択一式

問-51 特定事業者の義務の範囲等‥‥‥‥‥‥‥‥‥‥‥‥‥‥‥‥100

問-52 犯罪収益移転防止法およびガイドラインにおける記録の
　　　 保存等‥‥‥‥‥‥‥‥‥‥‥‥‥‥‥‥‥‥‥‥‥‥‥‥‥102

問-53 ガイドラインに基づく継続的な顧客管理‥‥‥‥‥‥‥‥‥‥104

問-54 個人の本人特定事項確認のための各種の本人確認書類‥‥‥‥106

問-55 短期在留者に該当する外国人の取引時確認（住居の記載の
　　　 ない旅券による本人特定事項の確認）‥‥‥‥‥‥‥‥‥‥‥108

問-56 犯罪収益移転防止に関する制度の整備が十分に行われてい
　　　 ないと認められる国・地域等‥‥‥‥‥‥‥‥‥‥‥‥‥‥‥110

問-57 犯罪収益移転防止法上の高リスク取引への対応‥‥‥‥‥‥‥112

問-58 平成23年改正犯罪収益移転防止法の施行前に本人確認を行
　　　 った顧客との取引‥‥‥‥‥‥‥‥‥‥‥‥‥‥‥‥‥‥‥‥114

問-59 オンラインで完結する自然人の本人特定事項の確認方法‥‥‥116

問-60 取引時確認等を的確に行うための措置‥‥‥‥‥‥‥‥‥‥‥118

問-61 犯罪収益移転防止法および外為法等‥‥‥‥‥‥‥‥‥‥‥‥120

問-62 外為法上の本人確認および犯罪収益移転防止法上の取引時確認‥‥122

問―63 外為法上の本人確認義務の対象……………………………124

問―64 顧客等が法人の場合の外為法上の本人確認と対応……………125

問―65 コルレス契約先への対応等…………………………………126

問―66 外為法における適法性の確認義務…………………………128

問―67 仕向外国送金における適法性の確認………………………129

問―68 国外送金等に係る金融機関の報告・届出等義務……………130

問―69 外国為替取引等取扱業者のための外為法令等の遵守に関する
ガイドライン………………………………………………133

問―70 外国為替取引等取扱業者のための外為法令等の遵守に関する
ガイドラインにおける経済制裁措置…………………………135

問―71 外国送金等における各種規制………………………………137

問―72 ガイドラインにおける海外送金を行う上での留意点…………139

問―73 海外送金におけるSWIFT…………………………………141

問―74 ガイドラインにより海外拠点等を有する金融機関等グループ
に求められる事項…………………………………………143

問―75 疑わしい取引の参考事例（外国との取引に着目した事例）……145

問―76 外国通貨又は旅行小切手の売買に係る疑わしい取引の参考事例…147

問―77 ガイドラインにおける疑わしい取引の届出…………………149

問―78 疑わしい取引の届出に関してガイドラインにおいて対応が
求められる事項……………………………………………150

問―79 ガイドラインに基づくリスクベース・アプローチにおける
取引モニタリング・フィルタリング…………………………152

問―80 ガイドラインに基づくリスクベース・アプローチにおける
ITシステムの活用・データ管理（データ・ガバナンス）………154

巻末資料 過去問題・解答

金融AMLオフィサー［基本］（2024年 3 月 3 日実施)……………158

金融AMLオフィサー［基本］（2024年 3 月 3 日実施) 解答……175

金融AMLオフィサー［実践］（2024年 3 月 3 日実施)……………176

金融AMLオフィサー［実践］（2024年 3 月 3 日実施) 解答……194

2024年度
「金融ＡＭＬオフィサー[基本]」,「金融ＡＭＬオフィサー[実践]」実施要項

　2024年度「金融ＡＭＬオフィサー[基本]」および「金融ＡＭＬオフィサー[実践]」の実施および内容等の概要は，次のとおりです。詳しくは日本コンプライアンス・オフィサー協会にお問合せください。

■試験事務全般に関わるもの
　検定試験運営センター　　　　　（平日9：30〜17：00／TEL：03−3267−4821）
■試験の内容に関わるもの
　日本コンプライアンス・オフィサー協会
　　　　　　　　　　　　　　　　（平日9：30〜17：00／TEL：03−3267−4826）
■ホームページ　【https://jcoa.khk.co.jp/】

試験日	**2024年6月実施** 2024年6月2日（日）（特別実施） **2024年10月実施** 2024年10月27日（日）
試験時間	金融ＡＭＬオフィサー[基本]・金融ＡＭＬオフィサー[実践] ともに 10：00〜11：30（90分） (試験開始後30分までは入室が認められますが，試験終了時間の延長はありません。なお，試験開始後60分間および終了前10分間は退室禁止です)
受付期間	**2024年6月実施** 2024年4月1日（月）〜4月17日（水）必着 **2024年10月実施** 2024年8月19日（月）〜9月4日（水）必着 個人申込の方は，協会のホームページからのお申込が可能です。
受験料	・金融ＡＭＬオフィサー[基本]　4,950円（税込） ・金融ＡＭＬオフィサー[実践]　5,500円（税込）
持込品	受験票，筆記用具（HB程度の鉛筆・シャープペンシル，消しゴム）

試験内容	出題形式	金融ＡＭＬオフィサー[基本]・金融ＡＭＬオフィサー[実践] ともに 三答択一式（マークシート）
	出題範囲 出題数	[基本] マネー・ローンダリングの基礎知識，マネー・ローンダリングと取引時確認，マネー・ローンダリングと疑わしい取引の届出制度，マネー・ローンダリングとリスクベース・アプローチ [実践] マネー・ローンダリングの基礎知識，マネー・ローンダリングと犯罪収益移転防止法，マネー・ローンダリングと外為取引，マネー・ローンダリングとリスクベース・アプローチ 　　　　　　　　　　　　　　　　　　　　　　　　　　　各50問
	配点	1問2点（合計100点）

認定基準	各100点満点中70点以上 （試験委員会にて最終決定します）
正解発表	試験実施3日後（原則として17：00以降）に上記ホームページで公表します。
成績通知	試験実施約4週間後から成績通知書と，認定された方には認定証書をお送りします（解答用紙は返却いたしません）。

※適用される法令等は，原則として試験実施日現在のものです。
※正解等について，日本コンプライアンス・オフィサー協会への電話でのお問合せはいっさいお断りしていますので，ご了承ください。

CBT方式 「CBT金融ＡＭＬオフィサー［基本］」 「CBT金融ＡＭＬオフィサー［実践］」 実施要項

　CBT方式によるコンプライアンス・オフィサー認定試験の実施につき，本種目の概要は，次のとおりです。

※CBT方式コンプライアンス・オフィサー認定試験は，株式会社CBTソリューションズの試験システムおよびテストセンターにて実施します。

■試験の内容についてのお問合せ

日本コンプライアンス・オフィサー協会（経済法令研究会 検定試験運営センター）

HP：https://jcoa.khk.co.jp/　TEL：03－3267－4826（平日９：30～17：00）

お問合せフォーム：https://www.khk.co.jp/contact/

■試験の申込方法や当日についてのお問合せ

株式会社CBTソリューションズ　受験サポートセンター

TEL：03－5209－0553（８：30～17：30 ※年末年始を除く）

実 施 日 程	2024年５月１日（水）～2025年３月31日（月）
申 込 日 程	2024年４月28日（日）～2025年３月28日（金） ※株式会社CBTソリューションズのホームページからお申込ください。https://cbt-s.com/examinee/
申 込 方 法	〈個人申込〉 インターネット受付のみ 〈団体申込〉 検定試験運営センター CBT試験担当（03－3267－4821）までお問合せください。
受 験 料	・CBT金融ＡＭＬオフィサー［基本］　4,950円（税込） ・CBT金融ＡＭＬオフィサー［実践］　5,500円（税込）
会 　 場	全国の共通会場（テストセンター）にて実施
出 題 形 式	・CBT金融ＡＭＬオフィサー［基本］　ＣＢＴ三答択一式 90分 ・CBT金融ＡＭＬオフィサー［実践］　ＣＢＴ三答択一式 90分
出 題 数	各50問
出 題 範 囲	コンプライアンス・オフィサー認定試験（紙試験）と同様
認 定 基 準	各100点満点中70点以上
結 果 発 表	即時判定。 試験終了後に，スコアレポート・出題項目一覧が配付されます。 受験日の翌日以降，認定者はマイページから認定証書をダウンロードしてください。

※2024年度は，原則として2024年４月１日現在で施行されている法令等にもとづいて出題されます。

金融AMLオフィサー ［基本］・［実践］ 出題範囲

■金融AMLオフィサー ［基本］
1．マネー・ローンダリングの基礎知識
マネー・ローンダリングの概要／金融機関のマネー・ローンダリング対策／第3次FATF対日相互審査／第4次FATF対日相互審査結果／金融庁ガイドラインで求められる対応　等
2．マネー・ローンダリングと取引時確認
特定事業者／特定業務と特定取引／取引時確認（本人特定事項，取引を行う目的，職業・事業の内容，実質的支配者）における確認内容・確認方法／高リスク取引における確認内容・確認方法／確認記録・取引記録／金融庁ガイドラインで求められる対応　等
3．マネー・ローンダリングと疑わしい取引の届出制度
疑わしい取引の届出の概要／届出が必要な場合／疑わしい取引の届出の判断基準／疑わしい取引の届出先・届出方法　等
4．マネー・ローンダリングとリスクベース・アプローチ
リスクベース・アプローチの手法／リスクベース・アプローチによるリスクの特定・評価・リスク低減措置　等

■金融AMLオフィサー ［実践］
1．マネー・ローンダリングの基礎知識
マネー・ローンダリングの概要／金融機関のマネー・ローンダリング対策／第3次FATF対日相互審査／第4次FATF対日相互審査結果／金融庁ガイドラインで求められる対応　等
2．マネー・ローンダリングと犯罪収益移転防止法
犯罪収益移転防止法の意義等／犯罪収益移転防止法の概念整理／取引時確認（特定事業者・特定業務・特定取引・確認事項・高リスク取引・取引類型別のポイント）／疑わしい取引の届出（該非と判断／参考事例／金融庁ガイドラインで対応が求められる事項）　等
3．マネー・ローンダリングと外為取引
外国為替総論／外為法と犯罪収益移転防止法／外為法（本人確認義務・特定為替取引・両替等・適法性の確認義務）／外国為替検査／金融庁ガイドラインに基づく金融機関の対応　等
4．マネー・ローンダリングとリスクベース・アプローチ
リスクベース・アプローチの手法／リスクベース・アプローチによるリスクの特定・評価・リスク低減措置／金融庁ガイドラインで求められる対応　等

※本書の対策問題および解説文中においては，下記の法令名等の略称・用語を用いています。

・犯罪による収益の移転防止に関する法律
　　……犯罪収益移転防止法，犯収法
・犯罪による収益の移転防止に関する法律施行令
　　……施行令
・犯罪による収益の移転防止に関する法律施行規則
　　……施行規則
・外国為替及び外国貿易法
　　……外為法
・内国税の適正な課税の確保を図るための国外送金等に係る調書の提出等に関する法律
　　……国外送金等調書法
・マネー・ローンダリング及びテロ資金供与対策に関するガイドライン（令和３年11月22日，金融庁）
　　……ガイドライン，金融庁ガイドライン
・マネロン・テロ資金供与対策ガイドラインに関するよくあるご質問（FAQ）（令和４年８月５日，金融庁）
　　……FAQ
・組織的な犯罪の処罰及び犯罪収益の規制等に関する法律
　　……組織的犯罪処罰法
・国際的な協力の下に規制薬物に係る不正行為を助長する行為等の防止を図るための麻薬及び向精神薬取締法等の特例等に関する法律
　　……麻薬特例法
・国際連合安全保障理事会決議第千二百六十七号等を踏まえ我が国が実施する財産の凍結等に関する特別措置法
　　……国際テロリスト財産凍結法
・公衆等脅迫目的の犯罪行為等のための資金等の提供等の処罰に関する法律
　　……テロ資金提供処罰法
・電子署名及び認証業務に関する法律
　　……電子署名法
・電子署名に係る地方公共団体の認証業務に関する法律，電子署名等に係る地方公共団体情報システム機構の認証業務に関する法律
　　……公的個人認証法
・行政手続における特定の個人を識別するための番号の利用等に関する法律
　　……マイナンバー法

　他，一部，「マネー・ローンダリング」を「マネロン」と略記しています。

本書のご利用にあたって

●コンプライアンス・オフィサー認定試験「金融AMLオフィサー［基本］」および「金融AMLオフィサー［実践］」の受験にあたっては，本書の下記の部分を学習してください。

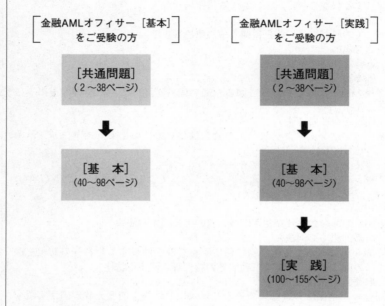

［金融AMLオフィサー［基本］
　　をご受験の方　　　　　　］

［共通問題］
（ 2 〜38ページ）

↓

［基　本］
（40〜98ページ）

［金融AMLオフィサー［実践］
　　をご受験の方　　　　　　］

［共通問題］
（ 2 〜38ページ）

↓

［基　本］
（40〜98ページ）

↓

［実　践］
（100〜155ページ）

※受験に際した学習のポイントとして，設問選択肢の適否だけでなく，「解説＆正解」にまとめられた事項や，「One Point」に記載の周辺知識についてもご確認ください。

※本書に掲載のマネー・ローンダリング等対策に係る事項については，法・ガイドライン等の改正等により，実務への影響が生じる場合もあります。金融庁・警察庁等からの公表資料なども適宜，参照されることをおすすめいたします。

共通問題　三答択一式

【問－1】 マネー・ローンダリングとは

> マネー・ローンダリングに関する記述について，適切でないものは次のうちどれですか。
> (1) 麻薬密売人が，麻薬密売代金を他人名義で開設した金融機関の口座に隠匿する行為は，マネー・ローンダリングにあたる。
> (2) 詐欺や横領の犯人が騙し取った金銭を複数の預貯金口座に転々と移動させる行為は，マネー・ローンダリングにあたる。
> (3) 著作権法違反により得た収益を金融商品の購入にあてる行為は，マネー・ローンダリングにあたらない。

解説＆正解

Check ☑ ☑ ☑

マネー・ローンダリングとは，一般に，犯罪によって得た収益の出所や真の所有者をわからないようにして，捜査機関による収益の発見や検挙を逃れようとする行為をいう。

マネー・ローンダリングは，わが国では組織的犯罪処罰法・麻薬特例法において罪として規定されている。例えば，麻薬密売人が麻薬密売代金を偽名で開設した金融機関の預貯金口座に隠匿したり，詐欺や横領の犯人が騙し取ったり不法領得した金銭を複数の預貯金口座に転々と移動させて，その出所をわからなくするような行為をいう。したがって，(1)・(2)は適切である。

組織的犯罪処罰法・麻薬特例法上のマネー・ローンダリングの前提犯罪には，不法な収益を生み出す犯罪であって，死刑または無期もしくは長期4年以上の懲役もしくは禁錮の刑が定められている罪，組織的犯罪処罰法の別表第1・第2に掲げる罪および麻薬特例法に掲げる薬物犯罪等があり，例えば，殺人，強盗，窃盗，詐欺，背任等の刑法犯と出資法，売春防止法，商標法，銀行法，著作権法，銃刀法等の特別法犯が含まれる。したがって，(3)は適切でなく，これが本問の正解である。　　　　　　　　　　〈正解：(3)〉

【問－2】 マネー・ローンダリングおよびテロ資金供与の問題点および対策

マネー・ローンダリングおよびテロ資金供与の問題点および対策に関する記述について，適切でないものは次のうちどれですか。

(1) マネー・ローンダリングを放置すると，犯罪組織等が犯罪収益を合法的な経済活動に投入し，その支配力を及ぼすことでさらに勢力，権力を拡大するおそれがある。

(2) マネー・ローンダリングおよびテロ資金供与対策を実効性のあるものとし，国際的な犯罪収益の流れを断つことは，一国内での規制を強化・強固なものとすることのみでは困難である。

(3) 非営利団体（NPO）については，テロ資金供与のリスクは低いと考えられ，継続的な顧客管理やリスク低減措置の必要性は低い。

解説＆正解

Check ☑ ☑ ☑

　マネー・ローンダリングにより，本来は犯罪収益であり合法的な経済活動の舞台に出せないような金銭を表の世界に流通させることが可能となる。マネー・ローンダリングを放置してしまうと，犯罪組織，テロ組織等が犯罪収益を合法的な経済活動に投入し，その支配力を及ぼすことでさらに勢力，権力を拡大するおそれがある。したがって，(1)は適切である。

　特に近年は，合法的な経済活動だけでなく，犯罪や犯罪収益についても容易に国境を越え，また国際社会がテロ等の脅威に直面する中，犯罪組織や資金等のクロスボーダー化が進んでいる。そのため，一国内のみで規制を強化しても，犯罪収益は規制のより緩やかな国へと移転してしまうため，マネー・ローンダリングおよびテロ資金供与対策を実効性のあるものとするには，国際的な協調が不可欠となっている。したがって，(2)は適切である。

　なお，マネー・ローンダリング対策に関する政府間会合であるFATF（Financial Action Task Force：金融活動作業部会）は，参加国が遵守すべき国際基準（勧告）を定め，各国の実施状況の審査等を行っており，わが国は，2008年，FATF第3次対日相互審査において数多くの不備事項の指摘を受け，以降，2019年には第4次対日相互審査が実施され，各金融機関においては，マネロン等対策にかかる態勢整備が急がれた。

テロ資金供与対策等に関しては，2019年4月のガイドラインの一部改正において，非営利団体（NPO）がテロリストに利用されるおそれ等について，以下の内容が追加されている。

「なお，テロ資金供与対策については…（略）…実効的な管理態勢を構築しなければならない。例えば，非営利団体との取引に際しては，全ての非営利団体が本質的にリスクが高いものではないことを前提としつつ，その活動の性質や範囲等によってはテロ資金供与に利用されるリスクがあることを踏まえ，国によるリスク評価の結果（犯収法に定める「犯罪収益移転危険度調査書」）やFATFの指摘等を踏まえた対策を検討し，リスク低減措置を講ずることが重要である。」

これは，上記のFATFによる勧告中に，非営利団体のテロリスト等による悪用について言及があることを受けた内容で，非営利団体においても資金の流れに着目した継続的な管理等が必要である。したがって，⑶は適切でなく，これが本問の正解である。

なお，第4次対日相互審査においては，技術的遵守状況のうち「非営利団体（NPO）の悪用防止」について，「NC（Non-Compliant：不履行）」との評価を受けた。2021年8月30日にFATFが公表した第4次対日相互審査報告書においては，テロ資金供与対策に関して，「NPO等に対するターゲットを絞ったアウトリーチが行われておらず，日本のNPO等は，テロ資金供与の活動に巻き込まれる危険性がある」との指摘がなされた。その後，2023年10月に公表された「対日相互審査フォローアップ報告書（第2回）」において，同勧告（NPOの悪用防止）の評価は，「NC（不履行）」から「PC（一部履行）」に格上げされた。

〈正解：⑶〉

【問－3】 マネー・ローンダリング対策と犯罪収益移転の防止

> マネー・ローンダリング対策に関する記述について，適切でないもの
> は次のうちどれですか。
> (1) 犯罪収益は，捜査当局による捜査によって特定し，没収，追徴その
>   他の手続により剥奪するものの，犯罪被害の回復に充てることはな
>   い。
> (2) 犯罪収益が移転した場合には，没収，追徴その他の手続による剥奪
>   が困難になるので，これを防止する必要がある。
> (3) 犯罪収益の移転を防止するためには，特定事業者が適正な顧客管理
>   措置を講じることにより，そのリスクを抑制する必要がある。

解説＆正解

Check ☑ ☑ ☑

　犯罪による収益の多くは被害者や市場参加者から不当に奪われたものであ
り，捜査当局による捜査によって特定したうえで，没収，追徴その他の手続
により剥奪し，または犯罪による被害の回復に充てる必要があり，組織的犯
罪処罰法には，犯罪収益等の没収および没収手続等とともに，犯罪被害者へ
の被害回復給付金の支給に充てるものとすること等が規定されている。した
がって，(1)は適切でなく，これが本問の正解である。

　犯罪による収益が移転した場合には，剥奪や被害回復に充てることが困難
になるので，これを防止することが必要である。

　マネー・ローンダリングによる犯罪収益の移転を防止するためには，①マ
ネー・ローンダリング等に利用されるおそれのある事業者（特定事業者）が
適正な顧客管理措置を講じることにより，そのリスクを抑制するとともに，
②マネー・ローンダリング等の犯罪が行われた場合には資金の追跡を可能と
し，それらの犯罪の実態解明や検挙に資する仕組みを構築することが必要で
ある。したがって，(2)・(3)は適切である。　　　　　　　　〈正解：(1)〉

【問－4】 マネー・ローンダリング等への対策を講じない場合の リスク

> 　マネー・ローンダリング等への対策を講じない場合のわが国の金融機関に関するリスクについて，適切でないものは次のうちどれですか。
>
> (1)　マネロン・テロ資金供与対策の不備等を契機として，外国当局より巨額の制裁金を課される可能性がある。
>
> (2)　取引相手である海外の金融機関等から，国際司法裁判所に提訴される可能性がある。
>
> (3)　取引相手である海外の金融機関等から，コルレス契約の解消を求められる可能性がある。

解説＆正解

Check　　☑ ☑ ☑

　マネー・ローンダリング等の対応に関しては，例えば，米国のOFAC規制のように，他国に対しても「域外適用」という形で，他国の企業・金融機関等に対しても巨額の制裁金が課されるケースがあり，また，FATFにより日本が高リスク国として公表された場合には，日本の金融機関等が，海外の金融機関等からコルレス契約を解除される，もしくは高リスク先として厳格な管理を求められるようになることが懸念される。

　例えば，ガイドラインⅠ－1「マネー・ローンダリング及びテロ資金供与対策に係る基本的考え方」においても，「リスクベース・アプローチによるマネロン・テロ資金供与リスク管理態勢の構築・維持は，国際的にみても，…（略）…勧告等の中心的な項目であるほか，主要先進国でも定着しており，…（略）…我が国金融システムに参加する金融機関等にとっては，当然に実施していくべき事項（ミニマム・スタンダード）である」，としたうえで，「特に，国際社会がテロ等の脅威に直面する中で，マネロン・テロ資金供与対策の不備等を契機として，外国当局より巨額の制裁金を課される事例

や，取引相手である海外の金融機関等からコルレス契約の解消を求められる事例が生じるなど，マネロン・テロ資金供与対策に対する目線が急速に厳しさを増していることには，留意が必要である」，とされている。したがって，(1)・(3)は適切である。

　国際司法裁判所は，国家から付託された国家間の紛争を解決する機関であり，事件の当事者は国家のみであることから，金融機関等が国際司法裁判所に提訴することはない。したがって，(2)は適切でなく，これが本問の正解である。

〈正解：(2)〉

One Point

●マネー・ローンダリングの手法・プロセス

　マネー・ローンダリングは，プレイスメント，レイヤリング，インテグレーションの3つの手法に大きく分類され，マネー・ローンダリングにおいては，これらのプロセスが，別々あるいは同時に行われるものとされている。

　プレイスメント（預入）とは，犯罪行為から得られた現金を，金融システムや合法的な商業サービスへ物理的に預け入れることである（多額の現金取引を複数の小口取引に分割し，大口取引の確認や疑わしい取引の届出，記録の義務付けを免れる「ストラクチャリング」を含む）。

　レイヤリング（分別）とは，現金の出所を，複数の金融機関との送金取引等を経由することで，犯罪行為という原因から分離することである。

　インテグレーション（統合）とは，犯罪行為から得られた資金と合法的な資金を統合し，所有権に合法的根拠をもたせることである。

●マネロン等対策に問題がある場合

　マネロン等対策が不十分な金融機関には，本問に示すように外国当局からの制裁金を課されるおそれや監視強化のリスク，海外金融機関からの取引制限等のリスクが生じる。

　一方，犯罪収益移転防止法においては，金融庁による報告徴収，立入検査，指導・助言などの監督権限が行使され得るほか，義務違反が認められる場合には是正命令が出されることもあり得る。

　また，監督指針やガイドラインに照らして内部管理態勢に問題があると認められる場合や，内部管理態勢が極めて脆弱であると認められる場合には，必要に応じ，銀行法24条に基づく報告，同法26条に基づく業務改善命令，一定期間の業務の一部停止命令を発出するものとされている。さらに，著しく公益を害したと認められる場合など，重大な法令違反と認められる場合には，同法27条に基づく業務の一部停止命令を発出するものとされている。

【問－5】 FATFの概要

FATFに関する記述について，適切でないものは次のうちどれですか。

(1) FATFは，米国同時多発テロ事件後，マネー・ローンダリング対策およびテロ資金供与対策の国際的な協調や，協力推進の役割を担うために設立された国際連合の一部会である。

(2) FATFは，マネー・ローンダリング対策およびテロ資金供与対策に関する国際協力を推進する役割を担っている政府間会合である。

(3) FATF全体会合においては，FATF勧告の遵守に関する相互審査や，今後の政策方針の策定等の重要審議および採択等が行われる。

解説＆正解

Check ☑ ☑ ☑

FATF（Financial Action Task Force：金融活動作業部会）とは，1989年のアルシュ・サミット経済宣言により設立された政府間会合である。わが国は，FATFの設立当初からのメンバーであり，1998年7月から1999年6月まで議長国を務めた。当初はマネー・ローンダリング対策に係る国際的な協調指導，協力推進などの役割を担ってきたが，2001年9月11日の米国同時多発テロ事件後の同年10月には，その任務に，マネー・ローンダリング対策のほか，テロ資金供与対策も加えられた。

FATF勧告遵守が遅れている国は，マネロン・テロ資金供与対策の高リスク国として国名が公表されることがあり，日本がこれに該当した場合，わが国金融機関に対する海外金融当局の監視の強化や，海外の金融機関からのコルレス契約の解除，またコンプライアンス上の手続のため海外送金に遅延が生じる等のおそれがある。

FATFには，2023年10月末時点で，OECD加盟国を中心に38の国・地域と2つの国際機関（EC（欧州委員会）・GCC（湾岸協力理事会））が加盟しており，その主な活動内容は，次のとおりである。

①マネー・ローンダリング対策およびテロ資金供与対策に関する国際基準（FATF勧告）の策定および見直し，②FATF参加国・地域相互間におけるFATF勧告の遵守状況の監視（相互審査），③FATF非参加国・地域におけるFATF勧告遵守の推奨，④マネー・ローンダリングおよびテロ資金供与の手口および傾向に関する研究，等。

なお，「総会」に相当するFATF全体会合は，通常年3回（2月・6月・10月）開催され，FATF勧告の遵守に関する相互審査，今後の政策方針の策定等の重要審議および採択等が行われている。相互審査とは，FATFの各メンバー国・地域に対し，その他のメンバー国により構成される審査団を派遣して，審査対象国におけるマネロン等対策およびテロ資金供与対策の法制，監督・取締体制，マネー・ローンダリング犯罪の検挙状況など様々な観点から，FATF勧告の遵守状況について相互に審査するものであり，過去，日本への相互審査は，1993年，1997年，2008年に実施された。2019年に実施された第4次対日相互審査に関しては，2021年6月に延期されたFATF全体会合において対日相互審査報告書の採択後，同年8月30日に同報告書が公表された。

したがって，(2)・(3)は適切であるが，FATFが米国同時多発テロ事件後に設立された国際連合の一部会であるとする(1)は適切でなく，これが本問の正解である。

〈正解：(1)〉

One Point
●FSRB（FATF-Style Regional Bodies：FATF型地域体）
　FATFは，直接の参加メンバーだけでなく，例えば日本が参加するAPG（アジア・太平洋マネー・ローンダリング対策グループ）ほか，ヨーロッパのMONEYVAL，ユーラシアのEAG，南東アフリカのESAAMLG，ラテンアメリカのGAFILAT等の「FATF型地域体」が各地に設置され，間接的に参加するメンバーは約200ヵ国・地域に上り，FATFの枠組みは事実上のマネロン等対策の国際標準となっている。

【問－6】 第4次FATF対日相互審査

第4次FATF対日相互審査の結果に関する記述について、適切でない
ものは次のうちどれですか。

(1) 特定事業者における取組みの高度化など、複数の分野において優先
　　的に取り組むべきである、と評価された。
(2) 大規模銀行を含む金融機関は、マネロン等リスクについて適切な理
　　解を有していない、と評価された。
(3) 金融庁による金融機関に対する監督活動の有効性は、金融庁と直接
　　対話の機会がある金融機関に限定されており改善の余地が大きい、と
　　評価された。

解説&正解

Check ☑ ☑ ☑

　2014年から順次開始された第4次相互審査では、2012年に改訂された
FATF「第4次勧告」(従前のマネロン対策に関する「40の勧告」とテロ資
金供与対策に関する「9の特別勧告」を整理・統合したもの。)に基づき、
形式的な法令の整備状況をみる「技術的遵守状況 (Technical Compliance：
TC)」の審査に加えて「有効性 (Effectiveness)」が審査の対象となり、国
ベースでのリスクの理解と調整の実現度、有効性のほか、個別金融機関等の
リスクに応じた対応の実現度や有効性についてヒアリング等が行われた。こ
の2つの審査の結果に応じ、各国は「通常フォローアップ国」「重点フォ
ローアップ国」「観察対象国」の3つに分類される。

　第4次対日相互審査は、2019年10月から11月にかけてオンサイト審査が行
われた。新型コロナウイルス感染症の影響によりその結果の公表が延期され
たが、FATFは、2021年8月30日に「対日相互審査報告書」を公表した。

　第4次対日相互審査においては、第3次対日相互審査以降の日本の様々な
取組みを踏まえ、いくつかの分野で日本のマネロン等対策の成果は上がって

いると評価された。一方で，金融機関および非金融特定事業者に対する監督の強化や，特定事業者における取組みの高度化など，複数の分野において優先的に取り組むべきであるとされ，全体として，上から2番目である「重点フォローアップ国」と評価された。したがって，(1)は適切である。

第4次相互審査から審査対象となった「有効性」の評価は，11の審査項目（Immediate Outcome：IO）について，上から順に「HE（High・高い）」と「SE（Substantial・十分）」が合格水準，「ME（Moderate・中）」と「LE（Low・低い）」が不合格水準とされる。日本は，11項目のうち3項目が「SE」，8項目が「ME」と評価された。

金融機関等の予防的措置の有効性（IO.4）については，不合格水準である「ME」と評価された。財務省が公表する「相互審査報告書（仮訳）」によると，IO.4の全体的な結論は以下のとおりである。

「一定数の金融機関（大規模銀行及び一定数の資金移動業者を含む）は，マネロン・テロ資金供与リスクについて適切な理解を有している。その他の特定事業者（金融機関，暗号資産交換業者，DNFBPs）は，自らのマネロン・テロ資金供与リスクの理解がまだ限定的である。」

したがって，(2)は適切でなく，これが本問の正解である。

金融機関等の監督の有効性（IO.3）については，不合格水準である「ME」と評価された。同報告書によると，以下のような評価を受けた。

「日本の金融機関の変化に対する対応が遅いことを踏まえると，監督の有効性は，金融庁との直接対話の対象となる金融機関に限られていると考えられ，他方，アウトリーチ活動は行われているものの，監督上の措置は，まだ金融分野全体に及んでいない。」

したがって，(3)は適切である。

〈正解：(2)〉

【問－7】 第4次対日相互審査結果とその後の政府の対応

> 　第4次FATF対日相互審査の結果とその後の政府の対応等に関する記述について，適切でないものは次のうちどれですか。
>
> (1)　第4次対日相互審査報告書において，わが国は，国際協力等の分野で良い結果を示していると評価され，「通常フォローアップ国」に振り分けられた。
>
> (2)　政府は，FATFによる第4次対日相互審査報告書の公表を契機として，警察庁と財務省を共同議長とする「マネロン・テロ資金供与・拡散金融対策政策会議」を設置した。
>
> (3)　第4次対日相互審査の第1回フォローアップにおいて，勧告2（国内関係当局間の協力）について再評価が行われ，「PC」から「LC」に格上げされた。

解説＆正解

Check ☑ ☑ ☑

　わが国は，第4次相互審査において，3段階評価の中間である「重点フォローアップ国」に振り分けられた。したがって，(1)は適切でなく，これが本問の正解である。

　なお，相互審査を受けた国は，審査報告書の採択後，非監視対象国とされた場合でも，審査結果に応じて「通常フォローアップ」または「重点フォローアップ」のいずれかのプロセスに置かれることとなる。第4次審査においては，いずれのフォローアッププロセスに置かれた場合でも，それぞれのプロセスにおいて定められた頻度で，不備事項の改善状況をFATFに対して報告することが求められた。「重点フォローアップ国」と評価されたわが国は，審査後5年間で3回程度の改善報告をすることが求められた。フォローアッププロセスに関しては，今後予定されている第5次相互審査において厳格化されることとなっている（2024年2月現在）。

第４次相互審査の審査対象のうち技術的遵守状況の評価は，上位から順に「C（Compliant：履行）」，「LC（Largely Compliant：概ね履行）」が合格水準，「PC（Partially Compliant：一部履行）」，「NC（Non-Compliant：不履行）」が不合格水準とされる。わが国は，40項目のうち半分近くにおいて，2008年に実施された第３次相互審査よりも評価が上昇した。

政府は，第４次対日相互審査報告書の公表を契機として，警察庁と財務省を共同議長とする「マネロン・テロ資金供与・拡散金融対策政策会議」を設置するとともに，３年間の行動計画について，行動内容・期限・担当府省庁等を記載した「マネロン・テロ資金供与・拡散金融対策に関する行動計画」を策定した。

その後，2022年８月に「対日相互審査フォローアップ報告書（第１回）」が，2023年10月に「対日相互審査フォローアップ報告書（第２回）」が，FATFにおいて採択された。第１回目では，技術的遵守状況のうち勧告２（国内関係当局間の協力）について再評価が行われ，「PC（一部履行）」から「LC（概ね履行）」に格上げされ，合格水準となった。第２回目では，勧告５（テロ資金供与の犯罪化），勧告６（テロリストの資産凍結），勧告24（法人の実質的支配者），勧告28（DNFBPsに対する監督）の４つの勧告について，「PC（一部履行）」から「LC（概ね履行）」に格上げされたほか，勧告８（NPO）について，「NC（不履行）」から「PC（一部履行）」に格上げされた。

したがって，(2)・(3)は適切である。

〈正解：(1)〉

【問－8】 マネー・ローンダリングおよびテロ資金供与対策に関する法律

> マネー・ローンダリングおよびテロ資金供与対策等にかかる法律に関する記述について，適切なものは次のうちどれですか。
>
> (1) 犯罪収益移転防止法は，犯罪収益の移転防止を図り，テロリズムに対する資金供与の防止に関する国際条約等の的確な実施を確保し，もって国民生活の安全と平穏を確保するとともに，経済活動の健全な発展に寄与することを目的としている。
>
> (2) 外為法は，対外取引の正常な発展とわが国または国際社会の平和および安全の維持等を目的としており，マネー・ローンダリング等防止にかかる規定は定められていない。
>
> (3) テロ資金提供処罰法は，公衆等脅迫目的で犯罪を実行しようとする者が，その実行のために利用する目的で，資金の提供の勧誘もしくは要請等，またはその他の方法により資金を提供させることを禁じているが，資金以外の物品や役務の提供については規制されていない。

解説&正解

Check ☑ ☑ ☑

　犯罪収益移転防止法は，犯罪収益の移転防止を図り，テロリズムに対する資金供与の防止に関する国際条約等の的確な実施を確保し，もって国民生活の安全と平穏を確保するとともに，経済活動の健全な発展に寄与することを目的としており（犯罪収益移転防止法1条），取引時確認義務，確認記録の作成・保存義務，疑わしい取引の届出義務等の義務を定めている。したがって，(1)は適切であり，これが本問の正解である。

　また，外為法は，対外取引の正常な発展とわが国または国際社会の平和および安全を維持し，もって国際収支の均衡および通貨の安定を図るとともに，わが国経済の健全な発展に寄与することを目的としており（外為法1

条)，マネロン等防止に関する義務として，適法性の確認義務，本人確認義務，支払の報告義務等の義務，また対外取引における資産凍結等経済制裁に対応する義務を定めている。したがって，(2)は適切でない。

テロ資金提供処罰法は，以下の犯罪行為を規定している（同法1条）。

①公衆等脅迫目的の犯罪行為：

公衆または国もしくは地方公共団体もしくは外国政府等を脅迫する目的をもって行われる一定の犯罪行為。

②特定犯罪行為：

国際的に保護される者を殺害する行為その他の一定の犯罪行為。

その上で，以下の行為について処罰規定を設けている（同法2～5条）。

・公衆等脅迫目的の犯罪行為等を実行しようとする者による資金等を提供させる行為：

①または②を実行しようとする者が，その実行のために利用する目的で，資金またはその実行に資するその他利益（不動産，物品，役務，物，技術，情報等）を提供させる行為。

・公衆等脅迫目的の犯罪行為等を実行しようとする者以外の者による資金等の提供：

①または②の実行を容易にする目的で，これを実行しようとする者に対し，資金またはその実行に資するその他利益を提供する行為等。

以上より，テロに資する資金のみでなく，資金以外の物品や役務等の提供等も規制していることに特徴がある。したがって，(3)は適切でない。

第4次対日相互審査において，マネロン対策等の強化のための法改正に取り組むべきであると勧告を受けたこと等を踏まえ，2022年12月，「国際的な不正資金等の移動等に対処するための国際連合安全保障理事会決議第千二百六十七号等を踏まえ我が国が実施する国際テロリストの財産の凍結等に関する特別措置法等の一部を改正する法律」（FATF勧告対応法）が成立した。前記②に係る改正はその一部であり，同法の処罰規定の構成要件について不備の指摘があったことを踏まえ，新たに創設された。　〈正解：(1)〉

【問-9】 ガイドラインの特徴

> ガイドラインの特徴に関する記述について，適切でないものは次のうちどれですか。
> (1) 金融庁所管の金融機関等のほか，犯罪収益移転防止法上のすべての特定事業者を対象とするものである。
> (2) リスクベース・アプローチによるマネロン・テロ資金供与リスク管理態勢の構築・維持については，ミニマム・スタンダードとして位置付けている。
> (3) 「対応が求められる事項」と「対応が期待される事項」を明確に区別して，金融機関に対し対応を求めている。

解説＆正解

Check ☑ ☑ ☑

　金融庁は，2017年11月に公表した「平成29事務年度 金融行政方針」において，国際的な金融規制に関する対応等の一環として，マネロン等対応を掲げ，金融庁が実効的な態勢整備のための金融機関向けのガイダンスの公表等を行い，各金融機関におけるマネロン等のリスクを分析・評価し，そのリスクに応じたモニタリングを行うものとした。

　2017年12月8日，金融庁は「マネー・ローンダリング及びテロ資金供与対策に関するガイドライン（案）」を公表，パブリックコメントを経て，2018年2月6日に「マネー・ローンダリング及びテロ資金供与対策に関するガイドライン」を策定した。

　ガイドラインは，監督指針等の一部改正と同日施行となったが，監督指針等の一部改正においては，金融機関に対し，犯収法上の取引時確認等の措置に加え，ガイドラインに基づくリスクベース・アプローチ等を的確に実施するための措置や態勢整備を求める内容の改正が記載されている。したがって，金融機関はガイドラインを監督指針と一体として監督指針の内容を構成

するものとして遵守する必要がある。

ガイドラインの特徴としては，以下のような内容が挙げられる。

① 犯罪収益移転防止法上の特定事業者（同法2条2項各号）のうち金融庁所管の金融機関等を対象とする（同項48号の公認会計士および監査法人を除く）ものである。

② リスクベース・アプローチによるマネロン等リスク管理態勢の構築・維持を，わが国の金融システムに参加する金融機関等にとっては，当然に実施していくべき事項（ミニマム・スタンダード）として位置付けている。

③ マネロン等対策における経営陣によるコミットメントの重要性が強調されている。

④ 「対応が求められる事項」と「対応が期待される事項」を区別して記載し，金融機関に対し対応を求めている。「対応が求められる事項」については，措置が不十分であるなど問題があると認められる場合には，業態ごとの監督指針等も踏まえながら，必要に応じ，報告徴求・業務改善命令等の法令に基づく行政対応を行うこととされている。

したがって，(2)・(3)は適切であるが，(1)は適切でなく，これが本問の正解である。

〈正解：(1)〉

One Point
●ガイドラインの一部改正
ガイドラインは，2018年の策定後，ガイドラインの趣旨の明確化により実効的な態勢整備を図るため，2019年4月10日に一部改正が行われた。

さらに，2019年10〜11月の第4次FATF対日相互審査後，その結果公表を前に，それまで実施してきたモニタリングの中で把握した課題等を整理し，金融機関等のマネロン・テロ資金供与対策の更なる実効的な態勢整備等を図るものとして，2021年2月19日にも一部改正が行われた。

それぞれの改正の概要については，38頁を参照。

【問－10】 ガイドラインにおける経営管理（三つの防衛線等）

> ガイドラインに記載されている，経営管理（三つの防衛線等）に関する記述について，適切でないものは次のうちどれですか。
>
> (1) 第1の防衛線（第1線）である営業部門に属するすべての職員は，自らの部門・職務において必要なマネロン・テロ資金供与対策に係る方針・手続・計画等を十分理解し，リスクに見合った低減措置を的確に実施することが求められている。
>
> (2) 第2の防衛線（第2線）であるコンプライアンス部門やリスク管理部門等の管理部門は，第1線の自律的なリスク管理に対して，独立した立場から牽制を行うとされている。
>
> (3) 第3の防衛線（第3線）である内部監査部門は，第1線と第2線が適切に機能をしているか，さらなる高度化の余地はないかなどについて，これらと密接に連携した立場から，定期的に検証していくことが求められている。

解説&正解

Check ☑ ☑ ☑

　ガイドラインⅢ－3「経営管理（三つの防衛線等）」によれば，第1の防衛線（第1線）とは，営業部門を指している。マネロン・テロ資金供与対策においても，顧客と直接対面する活動を行っている営業店や営業部門が，マネロン・テロ資金供与リスクに最初に直面し，これを防止する役割を担っている。

　「第1線が実効的に機能するためには，そこに属する全ての職員が，自らが関わりを持つマネロン・テロ資金供与リスクを正しく理解した上で，日々の業務運営を行うことが求められる。

　金融機関等においては，マネロン・テロ資金供与対策に係る方針・手続・計画等を整備・周知し，研修等の機会を設けて徹底を図るなど，第1線が行

う業務に応じて、その業務に係るマネロン・テロ資金供与リスクの理解の促進等に必要な措置を講ずることが求められる」、とされている。したがって、(1)は適切である。

次に、第2の防衛線（第2線）とは、コンプライアンス部門やリスク管理部門等の管理部門を指している。これらの部門は、第1線の自律的なリスク管理に対して、独立した立場から牽制を行うと同時に、第1線を支援する役割も担う。マネロン・テロ資金供与対策における管理部門には、「これを主管する部門のほか、取引モニタリングシステム等を所管するシステム部門や専門性を有する人材の確保・維持を担う人事部門も含まれる。第1線に対する牽制と支援という役割を果たすために、管理部門には、第1線の業務に係る知見と、同業務に潜在するマネロン・テロ資金供与リスクに対する理解を併せ持つことが求められる」、とされている。したがって、(2)は適切である。

また、第3の防衛線（第3線）は、内部監査部門を指している。「内部監査部門には、第1線と第2線が適切に機能をしているか、更なる高度化の余地はないかなどについて、これらと独立した立場から、定期的に検証していくことが求められる」、とされている。したがって、(3)は適切でなく、これが本問の正解である。

なお、「内部監査部門は、独立した立場から、全社的なマネロン・テロ資金供与対策に係る方針・手続・計画等の有効性についても定期的に検証し、必要に応じて、方針・手続・計画等の見直し、対策の高度化の必要性等を提言・指摘することが求められる」、とされている。

〈正解：(3)〉

【問-11】 マネー・ローンダリング・テロ資金供与・拡散金融対策の現状と課題

「マネー・ローンダリング・テロ資金供与・拡散金融対策の現状と課題（2023年6月）」における金融機関の現状と課題に関する記述について，適切でないものは次のうちどれですか。

(1) 預金取扱金融機関においては，継続的な顧客管理にあたって全顧客のリスク評価を実施し，情報が不足している顧客にアンケートを送付するなどの対応を行っている金融機関が多いが，顧客から返信が得られないなど，取組状況の遅れも認められる。

(2) 取引モニタリングは，疑わしい取引の届出を行うため，不自然な取引を事後的に検知するもので，職員の気付きによるものとシステムによる検知の二種類が一般的である。

(3) 多くの金融機関において，態勢高度化に向けた取組みに着手しているが，営業現場も含め態勢整備には不適切・不十分な事項が多く，進捗は認められない。

解説＆正解

Check ☑ ☑ ☑

　金融庁は，金融機関から収集した定量・定性情報を踏まえ，各業態および各金融機関のマネロン等（※1）に係るリスクを特定・評価した上で，そのリスクに応じて検査・ヒアリングといったモニタリングを実施している。本文書は，マネロン対策等（※2）について，2023年6月末時点の金融庁所管事業者の対応状況や金融庁の取組み等を取りまとめたものである。

（※1）マネー・ローンダリング・テロ資金供与・拡散金融のこと。

（※2）マネー・ローンダリング・テロ資金供与・拡散金融対策のこと。

　預金取扱金融機関に関しては，そのリスクの所在について，預金取扱金融機関が提供する現金取引，預金取引，為替取引，貸金庫，手形・小切手等の

様々な商品・サービスは，それぞれの特性から，「マネロン等リスクが存在し得る上，複数組み合わされた場合，取引がより複雑化して資金の流れを追跡することが困難となる可能性がある」としている。また，「預金取扱金融機関業界全体の取引量の大きさ等を勘案すると，マネロン等リスクは他の業態よりも相対的に高い」と認めている。

その上で，「リスクに基づいたリスクベースのマネロン対策等が求められる」として，基本的な取組みを紹介している。

継続的な顧客管理については，「リスクベースでの継続的な顧客管理はマネロン対策等における重要な要素である」としている。その実施にあたって，「全顧客のリスク評価を実施し，顧客の情報が不足している場合や，そのリスクに応じて最新の情報が必要な場合には，顧客にアンケート等の郵便物を送付するなどして対応している金融機関が多い」が，「顧客からアンケート等への返信が得られないケースも散見され，取組状況に遅れが出ている金融機関も認められる」としている。したがって，(1)は適切である。

取引モニタリング・フィルタリングは，「リスク低減措置の実効性を確保する手段として，取引そのものに着目し，取引状況の分析，不自然な取引や制裁対象取引の検知等を通じてリスクを低減させる手法」である。取引モニタリングは，「疑わしい取引の届出を行うため，不自然な取引を事後的に検知するもの」であり，「職員の気付きによるものとシステムによる検知の二種類が一般的である」としている。したがって，(2)は適切である。

また，業態共通の全体傾向についても記載している。2018年2月の「マネー・ローンダリング及びテロ資金供与対策に関するガイドライン」公表以降，「多くの金融機関において，態勢高度化に向けた取組に着手し，営業現場も含め態勢整備に進捗が認められる」としている。したがって，(3)は適切でなく，これが本問の正解である。

〈正解：(3)〉

【問－12】 取引時確認および特定事業者の類型

> 取引時確認および特定事業者の類型に関する記述について，適切でないものは次のうちどれですか。
> (1) 犯罪収益移転防止法では，金融機関等のほかクレジットカード事業者等の一定の事業者を「特定事業者」と呼び，取引時確認を義務付けている。
> (2) 適切な取引時確認による顧客情報の把握は，マネー・ローンダリング防止のための基本的かつ最も重要な対応であり，捜査当局等による追跡可能性を高めるという意義がある。
> (3) 弁護士，司法書士，税理士は，特定事業者に該当しない。

解説＆正解

Check ☑ ☑ ☑

　犯罪収益移転防止法による取引時確認には，顧客の本人特定事項等を確認し，それを記録することで，後に捜査当局等による追跡可能性を高めるという意義があり，取引時確認を適切に行って，顧客の情報を把握することは，マネー・ローンダリング防止のための基本的かつ最も重要な対応である。したがって，(2)は適切である。

　犯罪収益移転防止法は，一定の事業者に対して取引時確認の実施を義務付けており，これらの事業者を「特定事業者」と呼んでいる。また，特定事業者は類型として大きく，①金融機関等，②ファイナンスリース事業者，③クレジットカード事業者，④宅地建物取引業者，⑤宝石・貴金属等取扱事業者，⑥郵便物受取サービス業者（いわゆる私設私書箱），電話受付代行業者（いわゆる電話秘書），電話転送サービス事業者，⑦弁護士，司法書士，行政書士，税理士等が規定されている。したがって，(1)は適切であるが，(3)は適切でなく，これが本問の正解である。なお，同じ士業者でも中小企業診断士等は特定事業者とされていない点に留意が必要である。　〈正解：(3)〉

　　犯罪収益移転防止法上の，取引時確認と特定取引に関する記述について，適切でないものは次のうちどれですか。

(1)　特定事業者は，マネー・ローンダリングに用いられるおそれのある一定の類型に該当する取引を行う場合に，取引時確認の実施が義務付けられており，このような取引を「特定取引」という。

(2)　特定取引には，特定事業者の特定業務のうち，一定の対象取引に該当する取引，および「顧客管理を行う上で特別の注意を要する取引」がある。

(3)　国や地方公共団体に対する税金納付等や公共料金，入学金等の支払などについては「簡素な顧客管理を行うことが許容される取引」とされるが，取引時確認は必要である。

解説＆正解　　　　　　　　　　　Check ☑ ☑ ☑

　特定事業者が，マネー・ローンダリングに用いられるおそれのある一定の類型に該当する取引を行う場合に，取引時確認の実施が義務付けられており，このような取引を犯罪収益移転防止法上，「特定取引」と呼んでいる。したがって，(1)は適切である。

　特定取引には，特定事業者の特定業務のうち，一定の対象取引に該当する取引，および，対象取引にはあたらないものの，「顧客管理を行う上で特別の注意を要する取引」がある。したがって，(2)は適切である。

　対象取引は，犯罪収益移転防止法施行令7条や9条に，各特定事業者の類型ごとに列挙されている。ただし，対象取引の類型に当てはまる場合でも，国や地方公共団体に対する税金納付等や公共料金，入学金等の支払などについては「簡素な顧客管理を行うことが許容される取引」とされ，対象取引から除かれる（施行規則4条1項各号）。これらの除外される取引は，類型的

にマネー・ローンダリング等に用いられるおそれが低いと考えられており，取引時確認の義務が課せられない。したがって，(3)は適切でなく，これが本問の正解である。

〈正解：(3)〉

One Point
●取引時確認の時期
　犯罪収益移転防止法4条は，取引時確認の時期について，「取引を行うに際して」と規定しており，必ずしも，特定取引の前に取引時確認が完了していることが必須とはされていない。特定取引の性質に応じて，当該取引開始後の合理的期間内に取引時確認を行うことも認められるとされている。

【問－14】 取引時確認における確認事項

取引時確認における確認事項に関する記述について，適切なものは次のうちどれですか。

(1) 自然人である顧客との通常の取引における確認事項は，本人特定事項（氏名，住居，生年月日），取引を行う目的，および職業である。

(2) 法人である顧客との通常の取引における確認事項は，本人特定事項（名称，本店所在地または主たる事務所の所在地），取引を行う目的，事業の内容である。

(3) 相手方が自然人，法人であるとを問わず，高リスク取引においては，通常の取引における確認事項に加え，取引金額にかかわらず「資産及び収入の状況」を確認することが求められる。

解説＆正解

Check ☑☑☑

取引時確認において確認すべき事項は，顧客の類型により異なっている（犯罪収益移転防止法4条）。

通常の取引における確認事項は，自然人の場合は，本人特定事項（氏名，住居，生年月日）と取引を行う目的，および職業である。したがって，(1)は適切であり，これが本問の正解である。

法人の場合は，本人特定事項（名称，本店所在地または主たる事務所の所在地）と取引を行う目的，事業の内容のほか，実質的支配者とその者の本人特定事項である。したがって，(2)は適切でない。

なお，法人取引などで特定取引の任にあたっている自然人（個人）が顧客と異なる場合，当該顧客の本人特定事項の確認のほか，現に特定取引等の任にあたっている自然人（犯罪収益移転防止法上「代表者等」という）についても，本人特定事項（氏名，住居，生年月日）の確認および「顧客等のために特定取引等の任にあたっていると認められる代表者等」にあたることの確

認を行わなければならない。

　次に，高リスク取引（犯罪収益移転防止法4条2項）においては，より厳格な取引時確認が必要であり，その取引が200万円を超える財産の移転を伴う場合については，「資産及び収入の状況」を確認することが求められる。したがって，(3)は適切でない。

　高リスク取引とは，次の4つの類型とされている。

①　取引の相手方が，取引の基となる継続的な契約の締結に際して行われた取引時確認に係る顧客等になりすましている疑いがある場合の当該取引

②　取引の基となる継続的な契約の締結に際して取引時確認が行われた際に取引時確認に係る事項を偽っていた疑いがある顧客等との取引

③　犯罪による収益移転防止に関する制度の整備が十分に行われていないと認められる国または地域との間の特定取引

④　外国PEPsとの間の特定取引

　なお，犯罪収益移転防止法上，特定取引と高リスク取引をあわせて「特定取引等」と整理されている（同法4条4項等）。

〈正解：(1)〉

【問－15】 顧客管理を行う上で特別の注意を要する取引

> 顧客管理を行う上で特別の注意を要する取引に関する記述について，適切でないものは次のうちどれですか。
> (1) 「疑わしい取引」および「同種の取引の態様と著しく異なる態様で行われる取引」に該当する場合でも，対象取引の類型にあたらない場合は，取引時確認は不要である。
> (2) 「同種の取引の態様と著しく異なる態様で行われる取引」とは，「疑わしい取引」に該当するとは直ちに言えないまでも，その取引の態様等から類型的に疑わしい取引に該当する可能性があるものである。
> (3) 「同種の取引の態様と著しく異なる態様で行われる取引」には，例えば，資産や収入に見合っていると考えられる取引ではあるものの，一般的な同種の取引と比較して高額な取引などが含まれる。

解説＆正解

Check ☑☑☑

　特定事業者は，特定取引等を行う場合に取引時確認を実施することが義務付けられている。そのうち，特定取引には，①一定の対象取引に該当する取引，②このような取引にはあたらないものの，「顧客管理を行う上で特別の注意を要する取引」が含まれる。

　「顧客管理を行う上で特別の注意を要する取引」には，①疑わしい取引，および，②同種の取引の態様と著しく異なる態様で行われる取引，の2つがあり，これらに該当する場合には，対象取引の類型にはあたらなくても取引時確認を行うことが必要である。したがって，(1)は適切でなく，これが本問の正解である。

　「同種の取引の態様と著しく異なる態様で行われる取引」とは，「疑わしい取引」に該当するとは直ちに言えないまでも，その取引の態様等から類型的に疑わしい取引に該当する可能性があるものである。

例えば，①資産や収入に見合っていると考えられる取引ではあるものの，一般的な同種の取引と比較して高額な取引，②定期的に返済はなされているものの，予定外に一括して融資の返済が行われる取引など，業界における一般的な知識，経験，商慣行等に照らして，これらから著しく乖離している取引等が含まれると解されている。したがって，(2)・(3)は適切である。

〈正解：(1)〉

【問－16】 高リスク取引における本人特定事項の確認方法

> 犯罪収益移転防止法上の高リスク取引における本人特定事項の確認方法について，適切でないものは次のうちどれですか。
> (1)　通常の特定取引に際して行う確認の方法に加えて，追加の本人確認書類または補完書類の提示等を受ける方法により確認すればよい。
> (2)　なりすましまたは偽りの疑いのある場合には，過去の取引時確認において確認した書類以外の書類を少なくとも１点確認すればよい。
> (3)　法人の実質的支配者の確認に際しては，当該法人の代表者等から実質的支配者の本人特定事項の申告を受ける方法により確認すればよい。

解説＆正解

Check ☑ ☑ ☑

　犯罪収益移転防止法上の高リスク取引における「本人特定事項」の確認方法は，高リスク取引がマネー・ローンダリングに用いられるおそれの高い取引であることに鑑みて厳格になる。具体的には，通常の特定取引に際して行う確認の方法に加えて，追加の本人確認書類または補完書類の提示等を受ける方法が必要となる。したがって，(1)は適切である。

　また，継続的な契約に基づく取引において，なりすましまたは偽りの疑いのある場合には，通常の確認方法または追加の確認方法において，継続的契約に際して確認した書類以外の書類を少なくとも１点，確認することが必要である。したがって，(2)は適切である。

　また，高リスク取引においては，実質的支配者の確認について，資本多数決法人では，株主名簿や有価証券報告書等の法人の議決権の保有状況を示す書類，資本多数決法人以外の法人においては，登記事項証明書，官公庁から発行されまたは発給された書類その他これに類するもので，当該法人を代表する権限を有している者を証するもの，外国に本店または主たる事務所を有

する法人にあっては，上記に掲げるもののほか，日本政府の承認した外国政府または権限のある国際機関の発行した書類その他これに類するもので，当該法人を代表する権限を有している者を証するものを確認し，かつ，当該法人顧客の代表者等から本人特定事項の申告を受ける方法により確認することが必要である（施行規則14条3項）。したがって，(3)は適切でなく，これが本問の正解である。

〈正解：(3)〉

One Point
●高リスク取引の場合の実質的支配者の確認（ガイドラインの規定）
　上記のとおり，犯罪収益移転防止法上の高リスク取引の場合の実質的支配者の確認は，書類の確認とともに，法人顧客の代表者等から本人特定事項の申告を受ける方法によるが，ガイドラインの記載においては，リスクの低減措置として，実質的支配者の本人特定事項の確認に関して「信頼に足る証跡を求めてこれを行うこと」，また高リスクと判断した顧客には「追加的な情報を入手すること」が求められている。

【問－17】 疑わしい取引の届出

> 　犯罪収益移転防止法上の疑わしい取引の届出に関する記述について，適切でないものは次のうちどれですか。
> (1) 　金融機関は，特定業務において収受した財産が犯罪による収益である疑いがある場合は，疑わしい取引の届出を行う必要がある。
> (2) 　金融機関は，特定取引等以外の取引については，疑わしい取引の届出を行う必要はない。
> (3) 　金融機関は，疑わしいと思われる取引について取引を謝絶した場合でも，疑わしい取引の届出を行う必要がある。

解説＆正解

Check ☑ ☑ ☑

　犯罪収益移転防止法では，特定事業者が行う業務の全てが必ずしも義務の対象となるわけではなく，義務の対象となる業務の範囲が定められている。

　特定事業者が「特定業務」を行う場合，疑わしい取引の届出および取引記録の作成・保存義務の対象となる。「特定業務」のうち，さらに一定の「特定取引等」を行う場合には，取引時確認および確認記録の作成・保存義務の対象となる。

　特定事業者である金融機関は，特定業務において収受した財産が犯罪による収益である疑いがある場合，または，顧客等が特定業務に関し組織的犯罪処罰法10条の罪もしくは麻薬特例法6条の罪にあたる行為を行っている疑いがあると認められる場合は，疑わしい取引の届出を行わなければならない（犯罪収益移転防止法8条1項）。したがって，(1)は適切である。

　なお，「犯罪による収益」とは，組織的犯罪処罰法2条4項に規定する「犯罪収益等」または麻薬特例法2条5項に規定する「薬物犯罪収益等」のことを指す。組織的犯罪処罰法2条4項では，「犯罪収益等」とは，「犯罪収益」，「犯罪収益に由来する財産」，または「これらの財産とそれ以外の財産

とが混和した財産」を指す。

　特定業務とは，犯罪収益移転防止法（同法4条1項，施行令6条）に規定
されている業務であり，金融機関等の場合，原則としてすべての金融業務が
これにあたる。上記のとおり，特定取引以外の取引についても，疑わしい取
引の届出の対象となる。したがって，(2)は適切でなく，これが本問の正解で
ある。

　また，疑わしい取引の届出については，取引の謝絶等により取引が成立し
なかった場合でも，届出を行う必要がある。したがって，(3)は適切である。

　なお，疑わしい取引の届出について，特定事業者は疑わしい取引の届出を
行おうとすることまたは行ったことを当該疑わしい取引の届出に係る顧客等
またはその者の関係者に漏らしてはならないとされている（同法8条3項）
ことにも留意が必要である。

〈正解：(2)〉

　金融庁の疑わしい取引の参考事例（預金取扱い金融機関）に関する記述について，適切でないものは次のうちどれですか。

(1)　疑わしい取引の参考事例は，金融機関等が疑わしい取引の届出義務を履行するにあたり，疑わしい取引に該当する可能性のある取引として，特に注意を払うべき取引の類型を示したものである。

(2)　疑わしい取引の参考事例に形式的に合致する取引については，すべて疑わしい取引に該当するものとして，疑わしい取引の届出を行う必要がある。

(3)　個別の取引が疑わしい取引に該当するか否かについては，参考事例のほか，金融機関が顧客の属性や取引時の状況，その他保有している情報から総合的に勘案して判断する必要がある。

解説＆正解

Check ☑ ☑ ☑

　金融庁が公表している「疑わしい取引の参考事例」は，金融機関等が疑わしい取引の届出義務を履行するにあたり，疑わしい取引に該当する可能性のある取引として特に注意を払うべき取引の類型を例示したものであり，個別具体的な取引が疑わしい取引に該当するか否かについては，金融機関等において，顧客の属性，取引時の状況その他保有している当該取引に係る具体的な情報を最新の内容に保ちながら総合的に勘案して判断する必要があるとされている。したがって，(1)・(3)は適切である。

　また，参考事例は，これらの事例に形式的に合致するものがすべて疑わしい取引に該当するものではない一方，これに該当しない取引であっても，金融機関等が疑わしい取引に該当すると判断したものは届出の対象となることに注意を要するとされており，(2)は適切でなく，これが本問の正解である。

〈正解：(2)〉

【問−19】 マネロン等対策におけるリスクベース・アプローチとは

　マネー・ローンダリング等対策におけるリスクベース・アプローチに関する記述について，適切でないものは次のうちどれですか。

(1) リスクベース・アプローチとは，マネー・ローンダリング等対策に割くことができるリソースは有限という前提の下，リソースを効率的に配分し，全体的なリスクを低減するアプローチである。

(2) リスクベース・アプローチを実践するにあたっては，リスク評価が不可欠であり，金融庁が特定するマネー・ローンダリングおよびテロ資金供与のリスク評価に基づいた適切な手段をとらなければならない。

(3) 金融機関は，リスク評価の根拠を証明し，評価を更新し続け，リスク評価の情報を権限ある当局等へ提供する適切なメカニズムを持つことができるよう，それら評価の結果を文書化しなければならない。

解説＆正解　　　　　　　　　　Check　☑ ☑ ☑

　ガイドライン I − 1 「マネー・ローンダリング及びテロ資金供与対策に係る基本的考え方」では，リスクベース・アプローチによるマネロン・テロ資金供与リスク管理態勢の構築・維持は，FATFの勧告等の中心的な項目であるほか，主要先進国でも定着しており，わが国の金融機関等にとっては，当然に実施していくべき事項（ミニマム・スタンダード）であるとされている。

　リスクベース・アプローチとは，各国および各特定事業者において，マネロン等対策に割くことができるリソース（人員・コスト）は有限であるという前提の下，リスクが高い取引については厳格な措置を，リスクが低い取引については簡素な措置を実施することにより，リソースを効率的に配分し，全体的なリスクを低減するアプローチである。したがって，(1)は適切であ

る。

　2012年に採択されたFATF第4次勧告においては，リスクベース・アプローチのコンセプトを明確化するとともに，マネー・ローンダリングおよびテロ資金供与関連のリスク評価をより幅広く行い，高リスク分野では厳格な措置を求める一方，低リスク分野では簡便な措置の採用を認めることで，より効率的な対応を求めることとされた。具体的には，マネロン等対策およびFATF勧告全体の本質的基礎となる手法として，リスクベース・アプローチを適用することを求めている。

　リスクベース・アプローチを実践するにあたっては，その前提として，リスク評価が不可欠であり，金融機関は，自らのマネー・ローンダリングおよびテロ資金供与のリスクを特定し，評価するための適切な手段をとらなければならない。したがって，⑵は適切でなく，これが本問の正解である。

　また，金融機関は，評価の根拠を証明し，評価を更新し続け，リスク評価の情報を権限ある当局や自主規制機関へ提供するための適切なメカニズムを持つことができるよう，それら評価の結果を犯罪収益移転防止法上の「特定事業者作成書面等」（いわゆる「リスク評価書」）として文書化しなければならない。したがって，⑶は適切である。

〈正解：⑵〉

One Point
　特定事業者が自らのリスクベース・アプローチに基づくリスク評価について記載する特定事業者作成書面等（リスク評価書）は，「自らが行う取引（新たな技術を活用して行う取引その他新たな態様による取引を含む。）について調査し，及び分析し，並びに当該取引による犯罪による収益の移転の危険性の程度その他の当該調査及び分析の結果を記載し，又は記録した書面又は電磁的記録を作成し，必要に応じて，見直しを行い，必要な変更を加えること」と規定されている（施行規則32条1項1号）。

【問－20】 リスクベース・アプローチによるマネー・ローンダリング等対策

金融機関に求められているリスクベース・アプローチによるマネー・ローンダリング等対策に関する記述について，適切なものは次のうちどれですか。

(1) リスクベース・アプローチによるマネー・ローンダリングおよびテロ資金供与リスク管理態勢の構築・維持は，FATFの勧告等の中心的な項目であり，わが国金融システムに参加する金融機関にとっては，ベスト・プラクティスであると位置付けられている。

(2) マネー・ローンダリング等対策におけるリスクベース・アプローチとは，金融機関等が自らのリスクを特定・評価し，これをリスク許容度の範囲内に実効的に低減するため，当該リスクに見合った対策を講ずることとされている。

(3) リスクベース・アプローチによれば，リスクが低いと判断した顧客については，簡素な顧客管理（SDD）を行うなど，円滑な取引の実行に配慮することとされており，モニタリングに係る敷居値等について，必ずしも法規制に従わない緩和措置も許容される。

解説&正解

Check ☑ ☑ ☑

ガイドラインⅠ－1（マネー・ローンダリング及びテロ資金供与対策に係る基本的考え方）では，リスクベース・アプローチによるマネロン・テロ資金供与リスク管理態勢の構築・維持は，国際的にみても，FATFの勧告等の中心的な項目であるほか，主要先進国でも定着しており，その機動的かつ実効的な対応の必要性も踏まえれば，わが国金融システムに参加する金融機関等にとっては，当然に実施していくべき事項（ミニマム・スタンダード）であるとされている。したがって，(1)は適切でない。

　ガイドラインⅡ－1（リスクベース・アプローチの意義）では，マネロン・テロ資金供与対策におけるリスクベース・アプローチとは，「金融機関等が，自らのマネロン・テロ資金供与リスクを特定・評価し，これをリスク許容度の範囲内に実効的に低減するため，当該リスクに見合った対策を講ずることをいう」，とされている。したがって，(2)は適切であり，これが本問の正解である。

　ガイドラインⅡ（リスクベース・アプローチ）中，Ⅱ－2（3）（ⅱ）「顧客管理（カスタマー・デュー・ディリジェンス：CDD）」の「対応が求められる事項」⑨では，「マネロン・テロ資金供与リスクが低いと判断した顧客については，当該リスクの特性を踏まえながら，当該顧客が行う取引のモニタリングに係る敷居値を上げたり，顧客情報の調査範囲・手法・更新頻度等を異にしたりするなどのリスクに応じた簡素な顧客管理（SDD）を行うなど，円滑な取引の実行に配慮すること」とされているところ，「この場合にあっても，金融機関等が我が国及び当該取引に適用される国・地域の法規制等を遵守することは，もとより当然である」と注記されており，モニタリングに係る敷居値については法規制に従わなければならない。したがって，(3)は適切でない。

〈正解：(2)〉

One Point

●ガイドラインの改正内容について

　17頁に記載のガイドラインの一部改正について，それぞれの主な改正内容の概要は次の通り。

【2019年4月10日改正】
- ・テロ資金供与対策および大量破壊兵器の拡散に対する資金供与防止のための対応の重要性を追記
- ・各金融機関等がリスクを検証する際に，各業態が共通で参照すべき分析と，各業態それぞれの特徴に応じた業態別の分析の双方を十分に踏まえることの重要性を追記
- ・金融機関等において，全ての顧客のリスク評価をするとともに，顧客のリスク評価に応じた頻度で継続的に顧客情報の確認を実施し，新たに確認した顧客情報を踏まえて顧客のリスク評価を見直していくことが求められることを明確化
- ・ITシステムに用いるデータについて，網羅性・正確性が確保されていることの定期的な検証が求められることを追記

【2021年2月19日改正】
- ・マネロン等対策に関する金融機関の経営陣の関与について，「主導的な関与」として，経営陣の関連部門への適切な支援と主導をより明確化
- ・リスクベース・アプローチの意義について，リスク低減措置により残存リスクをリスク許容度まで低減させることを追記
- ・リスクの特定において，国によるリスク評価の結果等（犯罪収益移転危険度調査書）の勘案が削除され，自らの個別具体的な特性を考慮することの注力を要請
- ・リスクの評価において，疑わしい取引の届出状況等の分析等を考慮することを明記
- ・顧客管理において，全ての顧客のリスク評価についての記載を整理，高リスクの法人取引等についての追加的措置を明記
- ・取引モニタリング・フィルタリングにおいて，対応が求められる事項を強化・明確化
- ・海外送金等を行う場合の留意点について，海外送金等におけるコルレス先や委託元金融機関のリスク評価等について強化，貿易金融・輸出入取引にかかる項目を新設

［基　本］　三答択一式

【問－21】 犯罪収益移転防止法上の特定取引等

　犯罪収益移転防止法上の特定取引等について，適切でないものは次のうちどれですか。

(1)　特定事業者が，取引時確認義務，確認記録の保存義務が課せられているのは，特定業務のうち，一定の取引である特定取引等である。

(2)　金融機関の場合，特定業務としては金融業務全般，特定取引等としては預貯金契約の締結や，10万円を超える現金送金等が定められている。

(3)　金融機関の特定業務は，①特定取引および，②マネー・ローンダリングに用いられるおそれが特に高い取引（高リスク取引）の2つの類型に分類できる。

解説&正解

Check ☑ ☑ ☑

　特定事業者が顧客と取引を行う際に，取引時確認義務，確認記録の作成・保存義務が課せられているのは，犯罪収益移転防止法上の特定の業務（特定業務）のうち，さらに一定の取引（特定取引等）に限定される（犯罪収益移転防止法4条・6条）。したがって，(1)は適切である。

　金融機関の場合，特定業務としては「当該特定事業者が行う業務」として，金融に関する業務全般（施行令6条），特定取引等としては預貯金契約の締結や，10万円を超える現金送金等（施行令7条）が定められている。したがって，(2)は適切である。

　特定取引等は，①特定取引と，②マネー・ローンダリングに用いられるおそれが特に高い取引（高リスク取引）の2つの類型に分類できる。なお，上記のとおり，金融機関の特定業務は，原則として当該金融機関が行うすべての業務が該当する。したがって，(3)は適切でなく，これが本問の正解である。

〈正解：(3)〉

　　犯罪収益移転防止法上の金融機関の特定取引について，適切なものは次のうちどれですか。

(1)　金融機関の特定取引には，200万円を超える大口現金取引やクレジットカード契約の締結などが含まれる。

(2)　金融機関の特定取引には，国または地方公共団体に対する金品の納付または納入に係る取引や，公共料金，入学金の支払など，簡素な顧客管理を行うことが許容される取引も含まれる。

(3)　顧客管理を行う上で特別の注意を要する取引とは，同種の取引の態様と著しく異なる態様で行われる取引をいい，マネー・ローンダリングの疑いがあると認められる取引は含まれない。

解説&正解　　　　　　　　　　　Check　☑ ☑ ☑

　金融機関の特定取引のうち，対象取引とは，犯罪収益移転防止法施行令7条1項に列挙されている取引であり，200万円を超える大口現金取引やクレジットカード契約の締結等が規定されている。したがって，(1)は適切であり，これが本問の正解である。

　国または地方公共団体に対する金品の納付または納入に係る取引や，公共料金，入学金の支払など，簡素な顧客管理を行うことが許容される取引として施行規則4条に掲げられている取引は，対象取引から除かれている。したがって，(2)は適切でない。

　特定取引のうち，「顧客管理を行う上で特別の注意を要する取引」とは，一定の対象取引以外の取引で，顧客管理を行う上で特別の注意を要する取引であり（施行規則5条），①マネー・ローンダリングの疑いがあると認められる取引，②同種の取引の態様と著しく異なる態様で行われる取引をいう。したがって，(3)は適切でない。　　　　　　　　　　　　　〈正解：(1)〉

〔実践〕 受験用　基本

【問－23】 個人の本人特定事項を確認する本人確認書類

> 　犯罪収益移転防止法における，個人顧客の本人特定事項を確認する本人確認書類に関する記述について，適切でないものは次のうちどれですか。
>
> (1)　運転免許証，在留カード，特別永住者証明書，個人番号カードは，本人確認書類として有効である。
>
> (2)　本人確認書類として国民健康保険の被保険者証を提示された場合，他の補完書類等を併せて提示等を受ける必要がある。
>
> (3)　本人確認書類のうち，有効期限のあるものについては，提示等を受ける日に有効なものである必要があり，有効期限のないものについては，提示等を受ける日の前1年以内に作成されたものに限られる。

解説&正解

Check ☑ ☑ ☑

　顧客から，運転免許証，運転経歴証明書（2012年4月1日以降交付のもの），在留カード，特別永住者証明書，個人番号カード，旅券等，障害者手帳，戦病者手帳など氏名，住居および生年月日の記載がある書類のほか，官公庁から発行・発給された書類その他これに類するもので，当該自然人の氏名，住居および生年月日の記載があり，かつ，当該官公庁が当該自然人の写真を貼り付けたものが提示された場合は，本人しか取得できない顔写真付の公的書類の提示であり，顧客の実在性と同一性の双方が同時に確認できる本人確認書類として有効である（犯罪収益移転防止法4条1項，施行規則6条1項1号イ・7条1号ロ）。したがって，(1)は適切である。

　なお，マイナンバー法の全面施行（2016年1月1日）により，本人確認書類から住民基本台帳カードが削除され，個人番号カード（マイナンバーカード）が本人確認書類とされている（犯罪収益移転防止法4条1項，施行規則7条1号イ）。住民基本台帳カードは，その効力を失うときまたは個人番号

カードの交付を受けるときのいずれか早いときまでの間は，個人番号カード
とみなされ本人確認書類としての使用が認められる。

　他方，個人番号の通知カードは，本人確認書類および補完書類から除外さ
れている。また通知カードは，2020年5月25日に廃止され，新規発行，再交
付や住所等の券面記載事項変更の手続きに使用できないこととなり，現在，
個人番号は「個人番号通知書」を送付する方法により通知されている。

　次に，顧客から，各種健康保険の被保険者証，国民年金手帳，母子健康手
帳，等の書類が提示された場合は，次のいずれかの措置をとることが必要と
なる。すなわち，①本人確認書類に記載されている顧客の住居宛に取引に係
る文書を書留郵便等により転送不要郵便物等として送付する方法，②提示を
受けた本人確認書類以外の本人確認書類または国税・地方税の領収証書，納
税証明書，社会保険料の領収証書，公共料金の領収証書等の補完書類（施行
規則6条2項）の提示を受ける方法，③提示を受けた本人確認書類以外の本
人確認書類もしくは補完書類またはそれらの写しの送付を受ける方法，であ
る。したがって，(2)は適切である。

　本人確認書類のうち，有効期限のあるものについては，提示等を受ける日
に有効なものである必要があり，有効期限のないものについては，提示等を
受ける日の前6ヵ月以内に作成されたものに限られている（施行規則7条）。
したがって，(3)は適切でなく，これが本問の正解である。

　なお，(2)の補完書類（公共料金等の領収証書等）についても，領収日付ま
たは発行年月日が提示等を受ける日の前6ヵ月以内のものに限られている。

〈正解：(3)〉

One Point

●わが国の新型旅券の取扱い
　2020年2月4日以降に申請されたパスポート（新型の2020年旅券）について
は，住所の記載欄（所持人記入欄）がなく住所の確認ができないため，単独での
本人確認書類としては利用できない等の取扱いがなされている。

●個人番号通知書の取扱い
　個人番号通知書は，マイナンバー（個人番号）の通知のみのために用いられる
もので，マイナンバーを証明する書類や本人確認書類，税法上の確認書類として
利用することはできないとされている。

【問－24】 法人の本人特定事項を確認する本人確認書類

犯罪収益移転防止法における，法人顧客（株式会社）の本人特定事項を確認する本人確認書類として，適切でないものは次のうちどれですか。

(1) 法人の登記事項証明書

(2) 法人の定款の写し

(3) 法人の印鑑登録証明書

解説&正解

Check ☑ ☑ ☑

法人の本人特定事項を確認するための本人確認書類は，次の書類のいずれかである（犯罪収益移転防止法4条4項，施行規則7条2号）。

① 法人の設立の登記にかかる登記事項証明書（法人が設立登記をしていないときは，その法人を所轄する行政機関の長の法人の名称および本店または主たる事務所の所在地を証する書類），または印鑑登録証明書（法人の名称および本店または主たる事務所の所在地の記載があるものに限る）。

② ①のほか，官公庁から発行され，または発給された書類その他これに類するもので，その法人の名称および本店または主たる事務所の所在地の記載があるもの。

したがって，(1)・(3)は適切である。

(2)の「法人の定款の写し」は，官公庁から発行され，または発給された書類ではないため，本人確認書類とはならない。したがって，(2)は適切でなく，これが本問の正解である。

〈正解：(2)〉

【問-25】 法人との取引における取引時確認

> 　法人との取引について，取引担当者が来店した場合の取引時確認に関する記述について，**適切なもの**は次のうちどれですか。
>
> (1)　顧客が非上場の株式会社である場合，当該株式会社の本人特定事項，取引を行う目的，事業の内容，実質的支配者の確認のほか，現に取引の任にあたっている者の本人特定事項の確認を行う必要がある。
>
> (2)　顧客が上場企業である場合，当該上場企業の本人特定事項，取引を行う目的，事業の内容，実質的支配者の確認のほか，現に取引の任にあたっている者の本人特定事項の確認を行う必要がある。
>
> (3)　顧客が人格のない社団や財団である場合，現に取引の任にあたっている者の本人特定事項，取引を行う目的，事業の内容，実質的支配者の確認を行う必要がある。

解説＆正解

Check　☑ ☑ ☑

　法人が顧客である場合，取引の相手方である顧客および現に取引の任にあたっている者についての確認を行うことが必要となる。

　通常の特定取引に際しては，原則として，以下の事項について確認を行うことが必要である。

① 　顧客の本人特定事項（名称・本店または主たる事務所の所在地）

② 　取引を行う目的

③ 　事業の内容

④ 　実質的支配者とその者の本人特定事項

⑤ 　来店者（代表者等）の本人特定事項（氏名，住居，生年月日），および法人顧客のために取引を行っていることの確認（委任状等）

　したがって，(1)は適切であり，これが本問の正解である。

　ただし，顧客が国，地方公共団体，上場企業等である場合には，現に取引

の任にあたっている自然人の本人特定事項のみを確認すればよく，当該上場企業の本人特定事項，取引を行う目的，事業の内容，実質的支配者の確認は不要である。したがって，(2)は適切でない。

　また，顧客が人格のない社団・財団である場合には，現に取引の任にあたっている自然人（代表者等）の本人特定事項を確認し，取引を行う目的，事業の内容については顧客の代表者等から申告を受ける方法で確認することとされており，実質的支配者の確認は不要である。したがって，(3)は適切でない。

〈正解：(1)〉

【問−26】 取引を行う目的，職業・事業内容を確認する方法

　　取引時確認において，取引を行う目的，職業・事業内容を確認する方法に関する記述について，適切でないものは次のうちどれですか。

(1)　取引を行う目的については，顧客から口頭で申告を受ける方法により確認する方法が認められている。

(2)　個人の職業については，勤務先の名称等の確認をもって，職業の確認に代えることが，原則として認められている。

(3)　法人の事業内容については，顧客等，代表者等その他の関係者から定款など必要書類の提示または送付を受ける方法のほか，金融機関において入手・閲覧することにより確認する方法が認められている。

解説＆正解

Check ☑ ☑ ☑

　取引を行う目的については，顧客から申告を受ける方法により確認する。申告の方法としては，口頭で聴取する方法のほか，電子メールやFAX等を用いる方法，書面の提出を受ける方法，チェックリストのチェックを受ける方法等が含まれる。したがって，(1)は適切である。

　なお，特定事業者があらかじめ分類した目的から顧客が選択する方法も許容されており，例えば，預金口座の開設については，「生活費決済」，「貯蓄」，「投資」等が考えられる。複数の目的を選択することも認められる。

　金融庁が公表している職業・事業内容の類型の参考例によれば，個人の職業は，顧客から申告を受ける方法により確認するが，職業の内容として，勤務先の名称や役職までは含まれず，「会社員」，「公務員」，「医師」，「学生」，「無職」等の分類程度でよいとされている。ただし，勤務先の名称等から職業が明らかである場合を除き，勤務先の名称等の確認をもって職業の確認に代えることはできないと考えられている。したがって，(2)は適切でなく，これが本問の正解である。

複数の職業を有している者については，そのすべてを確認することが必要であるものの，1つの職業を確認した場合に，他の職業を有していないかについて積極的に確認することまでは求められない。

　法人の事業内容については，次のいずれかの書類を，顧客等，代表者等その他の関係者から提示または送付を受ける方法のほか，特定事業者において入手・閲覧することにより確認する方法による。したがって，(3)は適切である。

・内国法人の場合……①定款，②有価証券報告書等の法令に基づき作成される書類で，当該法人の事業の内容の記載があるもの，③当該法人の設立の登記に係る登記事項証明書（当該法人が設立の登記をしていないときは，当該法人を所轄する行政機関の長の当該法人の事業の内容を証する書類），④官公庁から発行され，または発給された書類その他これに類するもので，当該法人の事業の内容の記載があるもの

・外国法人の場合……①上記内国法人の①〜④の書類，②外国の法令により当該法人が作成することとされている書類で，当該法人の事業の内容の記載があるもの，③日本国政府の承認した外国政府または権限ある国際機関の発行した書類その他これに類するもので，当該法人の事業の内容の記載があるもの

　なお，法人が複数の事業を営んでいる場合には，そのすべてについて確認する必要があるが，多数の事業を営んでいる場合には，取引に関連する主たる事業のみを確認することも認められる。

　マネー・ローンダリング等のリスクが高いと判断される顧客について実施することが求められるより厳格な顧客管理においては，ガイドラインに基づき，リスクに応じて，追加的な質問をすることや，書面の提出を求めるなどの対応が求められる。

〈正解：(2)〉

【問−27】 取引時確認における法人の実質的支配者

> 　取引時確認における法人の実質的支配者について，適切なものは次の
> うちどれですか。
> (1)　株式会社において，当該株式会社の議決権株式を50％超保有する自
> 　　然人がいる場合，原則としてその者は実質的支配者に該当する。
> (2)　学校法人においては，当該学校の校長職に就いている者が，実質的
> 　　支配者に該当する。
> (3)　個人株主Aが，B社の議決権10％を保有しており，かつ，B社の議
> 　　決権20％を保有するC社の議決権を50％超保有している場合，AはB
> 　　社の実質的支配者に該当しない。

解説＆正解　　　　　　　　　　　　Check　☑ ☑ ☑

　取引時確認における実質的支配者の確認は，法人の事業経営を実質的に支
配することが可能な関係にある者についての確認であるが，このような実質
的支配者は，法人をいわば隠れ蓑にしてマネー・ローンダリングを敢行する
おそれがあり，自然人にさかのぼってこうした者の本人特定事項を把握する
ことが必要とされている。

　実質的支配者に該当する者については，施行規則11条2項に定められてお
り，資本多数決法人であるか，それ以外の法人であるかによって区分されて
いる。

　資本多数決法人（株式会社，投資法人，特定目的会社等）の実質的支配者
は，①当該法人の議決権の総数の25％超の議決権を直接または間接に保有し
ていると認められる自然人がある場合の当該自然人（ただし，当該法人の議
決権を直接・間接に50％超保有している自然人が他にいる場合はその者のみ
が実質的支配者となる。いずれも事業経営を実質的に支配する意思または能
力を有していないことが明らかな場合を除く），②前記①のような自然人が

ある法人以外の法人のうち，出資，融資，取引その他の関係を通じて当該法人の事業活動に支配的な影響力を有すると認められる自然人がある場合の当該自然人，③上記①および②のような自然人がない法人の場合は，当該法人を代表し，その業務を執行する自然人，とされている。したがって，(1)は適切であり，これが本問の正解である。

　資本多数決法人以外の法人（一般社団・財団法人，学校法人，宗教法人，医療法人，社会福祉法人，特定非営利活動法人，持分会社等）の実質的支配者は，①(i)当該法人の事業から生ずる収益または当該事業に係る財産の総額の25％超の収益の配当または財産の分配を受ける権利を有していると認められる自然人がある場合の当該自然人（ただし，収益の配当または財産の分配を受ける権利の50％超を保有する自然人が他にいる場合はその者のみが実質的支配者となる。いずれも事業経営を実質的に支配する意思または能力を有していないことが明らかな場合を除く），または(ii)出資，融資，取引その他の関係を通じて当該法人の事業活動に支配的な影響力を有すると認められる自然人がある場合の当該自然人，②上記①のような自然人がない法人の場合は，当該法人を代表し，その業務を執行する自然人とされており，この場合，学校法人においては，代表権を有する理事（理事長など）がこれにあたる。したがって，(2)は適切でない。

　資本多数決法人における議決権等の保有割合の判定は，直接保有・間接保有の割合を合計した割合による（施行規則11条3項）。B社に対する個人株主Aの直接保有割合10％およびC社を通じた間接保有割合20％を合わせると，25％超（30％）となるため，原則，個人株主AはB社の実質的支配者に該当する。したがって，(3)は適切でない。

　なお，2022年1月31日より，「実質的支配者リスト制度」が開始している。本制度は，商業登記所が株式会社からの申し出により実質的支配者リストを保管しその写しを発行するもので，無料で利用することができる。

〈正解：(1)〉

【問－28】 非対面取引における本人特定事項の確認方法

> 　非対面取引における**本人特定事項の確認方法等**に関する記述について，適切なものは次のうちどれですか。
>
> (1) 個人顧客の場合，本人から，運転免許証の写し1点の送付を受けるとともに，本人確認書類記載の顧客等の住居に宛てて取引に関する文書を転送不要郵便物等として送付する方法は認められている。
>
> (2) 個人顧客の場合，スマートフォン等により本人の容貌の画像や本人確認書類の送信等を受けるだけで取引時確認を完結する方法は認められていない。
>
> (3) 法人顧客の場合，代表者等から，商業登記法に基づき作成された電子証明書，および電子証明書により確認される電子署名が行われた特定取引等に関する情報の送信を受ける方法は認められている。

解説＆正解　　　　　　　　　　　Check ☑ ☑ ☑

　非対面取引においては，その特性から，一般的にマネー・ローンダリング等に利用されるリスクが高いと考えられており，取引時確認の方法が厳格化される改正が2020年4月に施行された。

　個人の顧客との間で行う非対面取引における本人特定事項の確認方法の主なものとしては，次のようなものがある。

① 顧客から所定の本人確認書類またはその写し等の送付(※)を受けるとともに，本人確認書類等に記載されている顧客等の住居に宛てて取引に関する文書を書留郵便等により，転送不要郵便物等として送付する方法

※ 犯収法施行規則改正により，従前の個人の非対面の本人特定事項の確認方法（「本人確認書類等（種類限定なし）の送付を受ける」＋「転送不要郵便の送付」）が，概略次の方法に変更となり，送付を受ける書類等が厳格化されている（2020年4月1

日施行)。

「下記 a.～ e. のいずれか」＋「転送不要郵便等の送付」の方法

　a．本人確認書類の原本（例：住民票の写し，印鑑登録証明書）の送付を受ける

　b．ICチップ付本人確認書類から読み取ったICチップ情報の送信を受ける

　c．１枚に限り発行される本人確認書類の画像情報（特定事業者の提供するソフト
　　ウェアを使用し厚み等を確認できるもの）の送信を受ける

　d．本人確認書類（現在の住居の記載のあるもの）の写し２種類の送付を受ける

　e．本人確認書類の写し＋補完書類（同居者のものも可。ただし本人確認書類に現
　　在の住居記載がない場合，２種類の補完書類が必要（うち１種類は同居者のもの
　　は不可）の原本または写しの送付を受ける

②　本人限定郵便（特定事業者に代わって住居を確認し，本人確認書類
　（2020年４月１日より写真付きのものに限定）の提示を受けるとともに，
　本人特定事項の確認を行った者の氏名などの当該者を特定するに足りる事
　項，本人確認書類の提示を受けた日付および時刻，本人確認書類の名称，
　記号番号その他の当該本人確認書類を特定するに足りる事項を特定事業者
　に伝達する措置がとられているものに限る）により，顧客に対して，取引
　関係文書を送付する方法

③　電子署名法に基づく電子証明書または公的個人認証法に基づく電子証明
　書，および電子証明書により確認される電子署名が行われた特定取引等に
　関する情報の送信を受ける方法

　また，オンラインで完結する自然人の本人特定事項の確認方法として，以
下の④～⑦が規定されている（2018年11月30日施行）。ただし，④～⑦の方
法における画像の撮影・送信には，特定事業者が提供するソフトウェアを使
用することとされている。

④　顧客から写真付き本人確認書類の画像と本人の容貌の画像の送信を受け
　る方法（インターネット上のビデオ通話機能を利用した方法も可）

⑤　顧客から写真付き本人確認書類のICチップ情報と本人の容貌の画像の
　送信を受ける方法

⑥　顧客から１枚に限り発行される本人確認書類の画像またはICチップ情

報の送信を受けるとともに，銀行等の預貯金取扱金融機関またはクレジットカード会社に当該顧客の本人特定事項を確認済であることを確認する方法

⑦　顧客から1枚に限り発行される本人確認書類の画像またはICチップ情報の送信を受けるとともに，当該顧客の預貯金口座（銀行等において本人特定事項を確認済であるもの）に金銭を振り込み，当該顧客から当該振込を特定するために必要な事項が記載されたインターネットバンキング画面の画像等の送付を受ける方法

したがって，運転免許証の写し1点の送付を受け，転送不要郵便を送付する方法が認められるとする(1)，およびオンラインによる取引時確認の完結は認められないとする(2)は適切でない。

法人の顧客との間で行う非対面取引における本人特定事項の確認方法の主なものとしては，次のようなものがある。

①　法人の代表者等から所定の本人確認書類またはその写し等の送付を受けるとともに，本人確認書類に記載されている顧客等の本店，主たる事務所等に宛てて取引に関する文書を書留郵便等により，転送不要郵便物等として送付する方法

②　法人の代表者等から当該法人の名称，本店または主たる事務所等の所在地の申告を受け，一般財団法人民事法務協会の登記情報サービスを通じて登記情報の送信を受ける方法（代表権を有する役員として登記されていない者と非対面取引を行う場合は，当該法人の本店，主たる事務所等に宛てて取引に関する文書を書留郵便等により，転送不要郵便物等として送付する必要がある）

③　法人の代表者等から当該法人の名称，本店または主たる事務所等の所在地の申告を受け，国税庁の法人番号公表サイトで公表されている当該法人の名称，本店または主たる事務所の所在地を確認し，当該法人の本店，主たる事務所等に宛てて取引に関する文書を書留郵便等により，転送不要郵便物等として送付する方法

④　法人の代表者等から，商業登記法に基づき作成された電子証明書，および電子証明書により確認される電子署名が行われた特定取引等に関する情報の送信を受ける方法

　したがって，⑶は適切であり，これが本問の正解である。

〈正解：⑶〉

【問-29】 顧客本人と異なる者と取引を行う場合の取引時確認

> 　顧客本人と異なる者が窓口に来店し，特定取引を行う場合の取引時確認等について，適切なものは次のうちどれですか。
> (1)　顧客本人と異なる者との取引においては，顧客本人と来店者の本人特定事項の確認および来店者が特定取引等の任にあたっていると認められる事由（委任関係）の確認が必要となる。
> (2)　顧客が個人である場合，来店者が顧客本人の運転免許証のコピーと取引にかかる委任状を持参していれば，来店者本人の本人特定事項の確認は不要である。
> (3)　顧客が法人である場合，来店者が当該顧客法人の社員証を持参していれば，顧客のために取引の任にあたっていると判断できる。

解説&正解

Check ☑ ☑ ☑

　顧客本人と異なる者と特定取引を行う場合には，顧客本人の本人特定事項の確認に加えて，来店者（代理人・代表者等）について，顧客本人のために特定取引等の任にあたっていると認められる事由の確認（委任関係の確認）および当該来店者の本人特定事項の確認を行うことが必要である。したがって，(2)は適切でなく，(1)は適切であり，これが本問の正解である。

　なお，この顧客本人のために特定取引の任にあたっていると認められる事由の確認については，顧客が個人の場合，①顧客の同居の親族または法定代理人であること（住民票や戸籍謄本等の書類により確認したり，本人確認書類により姓や住居等が同一であることなどを確認すること，実際に顧客の住居に赴いて関係を確認すること），②顧客が作成した委任状を有していること（顧客が作成したものと認められれば足り，実印や印鑑登録証明書は不要），③顧客への架電その他これに類する方法により確認できること（電子メール，ファクシミリ，訪問等も含まれる），④その他特定事業者が顧客と

取引担当者との関係を認識している等の理由により，当該取引担当者が当該顧客のために，当該特定取引の任にあたっていることが明らかであること（委任状と再委任状のような複数の書類による確認や第三者への確認等）などの確認が必要となる。

　また，顧客が個人以外の場合（人格のない社団・財団を除く）には，①顧客が作成した委任状等を有していること，②当該取引担当者が当該顧客を代表する権限のある役員として登記されていること，③顧客の本店，営業所または当該取引担当者が所属すると認められる官公署への架電その他これに類する方法により確認できること，④その他，特定事業者が顧客と取引担当者との関係を認識している等の理由により，当該取引担当者が当該顧客のために当該特定取引の任にあたっていることが明らかであること（例えば，営業担当者が契約締結前に顧客を訪問して，取引担当者と面談を行っている場合など。取引担当者が顧客の本人確認書類を有していることのみでは委任関係の確認としては足りない）を確認する必要がある。

　2016年10月施行の改正犯罪収益移転防止法により，法人の取引担当者の確認方法として社員証が認められないこととされたほか，法人の役員について，代表者が当該法人を代表する権限を有する役員として登記されていることが必要とされることとなっている。したがって，(3)は適切でない。

〈正解：(1)〉

【問－30】 注意すべき本人確認書類の記載事項の取扱い

取引時確認において，顧客から提示された本人確認書類の取扱いについて，適切なものは次のうちどれですか。

(1) 個人番号カードや国民年金手帳，健康保険証が本人確認書類として提示された場合，マイナンバーや基礎年金番号を書き写すことはできないが，健康保険証の被保険者等記号・番号等を記録することは認められている。

(2) 非対面取引において，顧客からマイナンバー，基礎年金番号，または健康保険の被保険者等記号・番号等が記載された部分の写しの送付を受けた場合，基礎年金番号または健康保険の被保険者等記号・番号等に限り，確認記録にそのまま添付することができる。

(3) 個人番号カード，国民年金手帳および各種健康保険証は，犯罪収益移転防止法上の本人確認書類として認められているが，マイナンバーや基礎年金番号，健康保険の被保険者等記号・番号等の告知を求めることは認められていない。

解説＆正解

Check ☑ ☑ ☑

犯罪収益移転防止法上認められている本人確認書類である個人番号カード，国民年金手帳を取引時確認等に用いる場合，従前より，マイナンバーの収集等については，マイナンバー法に基づいて原則として禁止されていること，および，国民年金法に基づいて基礎年金番号の告知を求めること等が禁止されていることに鑑み，特定事業者は，マイナンバーや基礎年金番号を書き写したり，マイナンバーや基礎年金番号が記載された部分（個人番号カードの裏面等）の写しを取らないようにする必要があるとされている。

さらに，2020年10月，健康保険法等の改正により，健康保険事業および関連事務以外における保険者番号，被保険者等記号・番号の告知を求めること

が禁止された。したがって，健康保険証や共済加入者証等についても，マイナンバーや基礎年金番号の取扱いと同様，被保険者等記号・番号等の写しをとることのないよう，またマスキングを施すこと等が必要とされることに注意が必要である。

　非対面取引において，個人番号カードの写しの送付を受けることにより本人特定事項の確認を行う場合は，個人番号カードの表面の写しのみの送付を受けることで足り，マイナンバーが記載されているカード裏面の写しの送付を受ける必要はない。個人番号カードの裏面の写しの送付を受けた際には，当該裏面部分を復元できないようにして廃棄するか，当該書類の個人番号部分を復元できない程度にマスキング，黒塗り等した上で確認記録に添付することが必要である。また，国民年金手帳の写しの送付を受けることにより本人特定事項の確認を行う場合には，あらかじめ顧客から基礎年金番号部分にマスキング等を施した写しの送付を受ける，または送付された写しにマスキング等が施されていなかった場合は，基礎年金番号部分を復元できない程度にマスキング等を施した上で確認記録に添付することが必要である。

　また，上記の通り，健康保険証等の被保険者等記号・番号等についても，当該部分を含む書類の写しの送付を受けた場合には，マスキング・黒塗り等を施した上で確認記録に添付することが必要である。

　したがって，(1)・(2)は適切でなく，(3)は適切であり，これが本問の正解である。

〈正解：(3)〉

【問－31】 取引時確認と特定事業者の免責

> 　過去の預金口座開設時に取引時確認を実施していない顧客から，200万円を超える現金の払戻しの依頼があった場合の対応に関する記述について，適切でないものは次のうちどれですか。
> (1)　取引時確認済みとみなされない当該顧客に対しては，取引時確認を行う必要がある。
> (2)　当該顧客が取引時確認に応じない場合でも，払戻義務の不履行による損害賠償請求を受ける等のリスクがあることから，預金の払戻しには応じるべきである。
> (3)　当該顧客が取引時確認に応じるまでの間，払戻依頼に応じなかったとしても，金融機関は犯罪収益移転防止法に基づいて免責される。

解説＆正解

Check ☑ ☑ ☑

　特定事業者は，顧客等が取引時確認に応じないことを理由として当該特定取引に係る義務の履行を拒んだ場合には，当該顧客等から，預金規定に基づき，払戻義務の不履行による損害賠償請求を受ける等のリスクがある。

　しかしながら，特定事業者は，特定取引を行うに際しては，顧客等の取引時確認を行わなければならないとされており（犯罪収益移転防止法4条1項），取引時確認未済のまま払戻依頼に応じるべきではない。

　そこで，犯罪収益移転防止法においては，特定事業者は，顧客等が取引時確認に応じるまでの間，当該特定取引等に係る義務の履行を拒むことができるとされている（同法5条）。したがって，(1)・(3)は適切である。

　設問の事例の場合，預金口座の開設時に取引時確認は行われておらず，取引時確認済みの顧客とみなされない顧客ということになるので，その顧客が200万円を超える現金の引き出しという特定取引を行う場合には，金融機関は，その顧客に対して取引時確認を行う必要がある。金融機関は，当該顧客

が取引時確認に応じるまでの間は，犯罪収益移転防止法5条により，預金の払戻しに応じるべきではないため，(2)は適切でなく，これが本問の正解である。

〈正解：(2)〉

One Point
●ガイドラインを踏まえた預金規定の制定

　2019年4月4日，全国銀行協会は，マネー・ローンダリング等のリスクに対応可能な規定整備として，ガイドラインを踏まえた普通預金規定・参考例を制定し，会員銀行宛てに通知した旨を公表した。

　ガイドラインにおいては，自らが定める適切な顧客管理を実施できないと判断した顧客・取引等については，取引の謝絶を行うこと等を含め，リスク遮断を図ることを検討することが求められているため，本参考例では，顧客に追加的な情報を求めることやそれに基づいてマネー・ローンダリング等のリスクがあると判断した場合には取引の一部を制限すること，また，解約等の事由に，マネー・ローンダリング，テロ資金供与，経済制裁関係法令等に抵触する取引に利用され，またはそのおそれがあると合理的に認められる場合を追加し，マネー・ローンダリング等のリスクに応じた対応を可能としている。

　これを踏まえ，各金融機関においても，預金規定の改定・公表等が進められた。公表された同規定の内容については98頁を参照。

【問－32】 取引時確認における留意点

> 金融機関が取引時確認を行う場合に関する記述について，適切でないものは次のうちどれですか。
>
> (1) 同一の顧客等との間で，2以上の預金等払戻しの取引を，同時にまたは連続して行う場合において，当該2以上の取引が1回あたりの取引の金額を減少させるために取引を分割したことが一見して明らかな場合は，当該取引を1つの取引とみなす。
>
> (2) 対面取引において健康保険証や年金手帳など，写真付きでない本人確認書類を用いて本人特定事項の確認を行う場合には，他の本人確認書類または補完書類の提示が必要になる。
>
> (3) 顧客法人および取引担当者の取引時確認がすでに行われている場合でも，取引担当者が変更となった場合には，新たな担当者についての本人特定事項を確認することが必要になる。

解説＆正解

Check ☑ ☑ ☑

　顧客の取引時確認義務に関しては，2016年10月施行の改正犯罪収益移転防止法で厳格化されている。

　例えば，顧客等の氏名・住居・生年月日を確認する際に，各種健康保険証や年金手帳等の顔写真がない本人確認書類を提示された場合，住民票の写し等の本人確認書類や現住所の記載のある公共料金の領収証等の提示を求めるか，あるいは当該顧客の住居に宛てて取引関係文書を転送不要郵便物等として送付するなどの追加の対応が必要となるなど，顔写真のない本人確認書類の取扱いが厳格化されている。

　また，現金等受払取引，預金等払戻し，本邦通貨と外国通貨の両替または旅行小切手の販売・買取，暗号資産の交換等や移転，貴金属等の売買契約の締結等について，限度額を超えない（敷居値以下の）取引であっても，顧客

の言動等から1つの取引を分割したものであることが明らかと判断される場合（例えば，現金での15万円の振込依頼について取引時確認をしようとしたところ，9万円と6万円に分けた振込依頼に変更された場合など）の当該取引は，1つの取引とみなし，取引時確認を行うことが必要とされた（施行令7条3項）。

したがって，(1)・(2)は適切である。

法人との取引に際しては，法人の「名称および本店または主たる事務所の所在地」等（犯罪収益移転防止法4条1項）のほか実際に取引の任にあたる自然人の「氏名，住居および生年月日」を確認することとされている（同条4項）。

ただし，顧客および取引の任にあたる自然人（代表者等）について取引時確認が行われた後に，代表者等が変更となった場合には，法人について取引時確認済みの確認をすれば足り，新たな代表者等（すなわち新たな取引担当者）について，再度本人特定事項の確認を行うことは求められていない。したがって，(3)は適切でなく，これが本問の正解である。

なお，法人の取引のために来店する代表者等の確認方法として，法人が発行する本人確認書類（社員証等）による確認は認められないとされている。委任状等の取引権限を証する書面を有していることや，法人への電話等の方法による取引権限の有無の確認を行い，法人のために取引を行っていることを確認しなければならない。また，登記事項証明書に役員として登記されている者であっても，当該法人の代表権者として登記されていない場合は，当該法人の代理人等であることを証する委任状等の書面が必要となる。

〈正解：(3)〉

【問－33】 犯罪収益移転防止法上の高リスク取引

> 犯罪収益移転防止法上の高リスク取引に関する記述について，適切な
> ものは次のうちどれですか。
> (1) 特定取引のうち，イラン・北朝鮮に所在する顧客との取引は，高リ
>   スク取引に該当しない。
> (2) 特定取引のうち，外国の国家元首にあたる顧客本人の孫との取引
>   は，高リスク取引に該当する。
> (3) 取引時確認において，取引に関連して行われた他の取引の際に本人
>   特定事項の確認が行われた顧客等になりすましている疑いがある取引
>   は，高リスク取引に該当する。

解説＆正解

Check ☑ ☑ ☑

　犯罪収益移転防止法上の高リスク取引とは，次のいずれかに該当する取引
のことをいう。
　① 　なりすましの疑いがある取引
　取引時確認において，取引に関連して行われた他の取引（関連取引）の際
に本人特定事項の確認が行われた顧客等になりすましている疑いがある取引
を指している。具体例は，取引の相手方が，預貯金契約の締結に際して取引
時確認を行った顧客またはその代表者等になりすましている疑いがある場合
の取引が挙げられる。したがって，(3)は適切であり，これが本問の正解であ
る。
　② 　契約時において確認事項を偽っていた疑いがある顧客等との取引
　関連取引時の確認に係る事項を偽っていた疑いがある顧客等との取引であ
り，「偽り」の対象は，本人特定事項のほか，取引目的などの取引時確認事
項のすべてであり，真実でない情報の申告のみならず，告知すべき情報を隠
匿することも含まれる。具体例としては，預貯金契約の締結に際して，取引

時確認が行われた際に取引時確認事項を偽っていた疑いがある顧客またはその代表者等との取引がこれにあたる。

③　犯罪収益移転防止に関する制度の整備が不十分であると認められる国または地域（2024年2月現在，イラン，北朝鮮。）に居住・所在する顧客等との特定取引

したがって，(1)は適切でない。

④　厳格な顧客管理を行う必要性が特に高い取引

外国の国家元首・高位の政治家・政府高官・大使・司法関係者・軍当局者等の職にある者やその親族等（外国PEPs）との特定取引は，高リスク取引に該当する。ただし，本人の祖父母や孫，また元配偶者および配偶者の元配偶者は外国PEPsに該当しない（【問－34】参照）。

したがって，(2)は適切でない。

〈正解：(3)〉

【問－34】 外国PEPsとは

> 　外国PEPsに関する記述について,適切なものは次のうちどれですか。
> (1)　犯罪による収益の移転防止に関する制度の整備が十分に行われていないと認められる国または地域に居住・所在する顧客を,外国PEPsという。
> (2)　外国の元首や外国の政府・中央銀行その他これらに類する機関において重要な地位を占める者等を,外国PEPsという。
> (3)　外国PEPsである者が実質的支配者である法人については,外国PEPsに該当しない。

解説＆正解　　　　　　　　　Check　　

　2016年10月施行の改正犯罪収益移転防止法において，外国PEPsとの特定取引が高リスク取引として規定された（同法４条２項３号，施行令12条３項）。

　犯罪収益移転防止法上，外国PEPsとは，

①　外国の元首および外国の政府，中央銀行その他これらに類する機関において重要な地位を占める者として主務省令で定める者ならびに過去これらの者であった者

②　上記①に掲げる者の家族（配偶者（婚姻の届出をしていないが，事実上婚姻関係と同様の事情にある者を含む），父母，子および兄弟姉妹ならびにこれらの者以外の配偶者の父母および子をいう）

③　法人であって，①または②に掲げる者が実質的支配者であるもの

と定められている（施行令12条３項）。

　また，上記①の主務省令（施行規則15条）で定める者は次のとおりである。

(i)　わが国における内閣総理大臣その他の国務大臣および副大臣に相当する

職

(ⅱ) わが国における衆議院議長，衆議院副議長，参議院議長または参議院副議長に相当する職

(ⅲ) わが国における最高裁判所の裁判官に相当する職

(ⅳ) わが国における特命全権大使，特命全権公使，特派大使，政府代表または全権委員に相当する職

(ⅴ) わが国における統合幕僚長，統合幕僚副長，陸上幕僚長，陸上幕僚副長，海上幕僚長，海上幕僚副長，航空幕僚長または航空幕僚副長に相当する職

(ⅵ) 中央銀行の役員

(ⅶ) 予算について国会の議決を経，または承認を受けなければならない法人の役員

したがって，(1)・(3)は適切でなく，(2)は適切であり，これが本問の正解である。

なお，上記のとおり，外国政府等で重要な地位を占める者の配偶者の家族も犯収法上の外国PEPsにあたることとされており，顧客が日本人の場合でも，日本に居住する日本人が外国PEPsに該当する可能性もあることから，確認の対象を日本に居住していない者に限定することは適切ではないと考えられている。

〈正解：(2)〉

【問－35】 高リスク取引における「資産及び収入の状況」の確認

> 　高リスク取引の場合における「資産及び収入の状況」の確認方法に関する記述について，適切なものは次のうちどれですか。
>
> (1)　顧客が個人の場合，「資産及び収入の状況」の確認において，当該顧客の配偶者の源泉徴収票や確定申告書は，確認書類としては認められていない。
>
> (2)　顧客が法人の場合，「資産及び収入の状況」の確認において，当該法人の損益計算書や貸借対照表，その他資産および収入の状況を示す書類が，確認書類として認められている。
>
> (3)　「資産及び収入の状況」を確認する書類は，確認を実施する日の前6ヵ月以内に作成されたものでなくてはならない。

解説&正解

Check　☑ ☑ ☑

　高リスク取引にあたる場合の取引時確認においては，次の点に留意が必要である。

　①　高リスク取引で200万円以下の財産の移転を伴う場合

　通常の取引時確認に加え，顧客等および代表者等の本人特定事項の追加的な確認方法として，2種類以上の本人確認書類・補完書類等で確認し，少なくとも1点は継続的取引の開始時に用いた本人確認書類以外の書類等による確認が必要となる。

　②　高リスク取引で200万円超の財産の移転を伴う場合

　上記①の措置に加えて，「資産及び収入の状況」の確認が必要となる。

　この「資産及び収入の状況」の確認は，犯罪により得られた収益についてマネー・ローンダリングが行われている疑いがないかを確認するために実施されるもので，顧客が当該取引を行うに相応な資産・収入を有しているかという観点から確認を行う。なお，当該事項は，疑わしい取引の届出を行うか

どうかを判断できる程度に行うこととされており，必ずしも顧客の資産および収入の全部を確認することが求められているものではない。

「資産及び収入の状況」については，次の書類を確認する方法とされている。

顧客が個人である場合は，源泉徴収票，確定申告書，預貯金通帳，これらに類する資産及び収入の状況を示す書類（残高証明書，支払調書，給与の支払明細書，納税通知書，納税証明書，所得証明書等が想定されている），当該顧客の配偶者（婚姻の届出をしていないが，事実上婚姻関係と同様の事情にある者を含む）に関する上記に掲げるものである。したがって，(1)は適切でない。

顧客が法人である場合は，収支計算書，貸借対照表，これらに類する資産及び収入の状況を示す書類（有価証券報告書，正味財産増減計算書，損益計算書，預貯金通帳，法人税申告書別表二（同族会社等の判定に関する明細書）等が想定されている）である。したがって，(2)は適切であり，これが本問の正解である。

「資産及び収入の状況」を確認する書類は，基本的には確認の対象となる取引の時点またはその直近のものが想定されているが，疑わしい取引の届出を行うかどうかの判断は個別の取引に応じて行われるものであることから，確認に用いることができる書類の作成時期等は一律に定めることとはされておらず，「資産及び収入の状況」が取引を行うに相当なものであるかを判断する観点から，特定事業者において判断することとされている。したがって，(3)は適切でない。

〈正解：(2)〉

【問-36】 簡素な顧客管理を行うことが許容される取引

> 　犯罪収益移転防止法上の「簡素な顧客管理を行うことが許容される取引」に関する記述について，適切なものは次のうちどれですか。
>
> (1)　公共料金および学校の入学金の現金納付取引は，簡素な顧客管理を行うことが許容される取引に該当しない。
>
> (2)　払戻総額が保険料払込総額の8割未満の保険の満期保険金の支払は，簡素な顧客管理を行うことが許容される取引に該当する。
>
> (3)　取引の金額が200万円超の無記名の公社債の本券または利札を担保に提供する取引は，簡素な顧客管理を行うことが許容される取引に該当しない。

解説＆正解

Check ☑ ☑ ☑

　現金納付取引のうち，電気，ガスまたは水道水の料金の支払に係るもの（施行規則4条1項7号ハ），小学校，中学校，義務教育学校，高等学校，中等教育学校，特別支援学校，大学もしくは高等専門学校または専修学校に対する入学金，授業料その他これらに類するものの支払に係るもの（施行規則4条1項7号ニ）については，簡素な顧客管理を行うことが許容される取引に該当する。したがって，(1)は適切でない。

　保険業を行う者が保険者となる保険契約もしくは廃止前の簡易生命保険法に規定する簡易生命保険契約または共済に係る契約に基づく年金，満期保険金，満期返戻金，解約返戻金または満期共済金の支払については取引時確認が必要であるが（施行令7条1項1号ト），①年金，満期保険金，満期返戻金または満期共済金を支払う旨の定め（満期保険金等の定め）がないもの，あるいは，②満期保険金等の定めがあるもののうち，当該保険契約または共済に係る契約に基づき払い込まれる保険料または共済掛金の総額の8割に相当する金額が年金，満期保険金，満期返戻金および満期共済金の金額の合計

を超えるものについては，簡素な顧客管理を行うことが許容される取引に該当する（施行規則4条1項3号イ）。したがって，(2)は適切であり，これが本問の正解である。

　無記名の公社債の本券または利札の受払いをする取引であって，当該取引の金額が200万円を超えるものは取引時確認が必要となるが（施行令7条1項1号ツ），そのうち公社債の本券または利札を担保に提供する取引は，簡素な顧客管理を行うことが許容される取引に該当する（施行規則4条1項7号イ）。したがって，(3)は適切でない。

〈正解：(2)〉

【問－37】 取引時確認済みの顧客との間の取引

取引時確認済みの顧客との間で特定取引を行う場合に関する記述について，適切なものは次のうちどれですか。

(1) 顧客と面識がある場合など，顧客と記録されている者とが同一であることが明らかな場合でも，別途取引時確認を行う必要がある。

(2) 顧客と記録されている者とが同一であることを示す書類等の提示または送付を受けた場合でも，別途取引時確認を行う必要がある。

(3) 当該取引が疑わしい取引，同種の取引の態様と著しく異なる態様で行われる取引に該当する場合には，別途取引時確認を行う必要がある。

解説＆正解　　　　　　　Check ☑ ☑ ☑

犯罪収益移転防止法上，対象取引に該当する取引を顧客との間で実施する場合には，取引時確認を行う必要があるのが原則であるが，①すでに取引時確認を行っており，かつ，②当該取引時確認について記録（確認記録）を作成し保存している場合には，③通常の取引を行うに際して（すなわち高リスク取引でない場合）は，改めて取引時確認を行う必要はなく，取引時確認済みの確認を行えば足りる。

この通常の取引の場合の「取引時確認済みの確認」は，次の(1)と(2)の双方による必要がある。

【取引時確認済みの確認（通常の取引の場合）】

(1)①から③のいずれかに該当

① 顧客と記録されている者とが同一であることを示す書類等（預貯金通帳等）の提示または送付を受ける

② 顧客しか知り得ない事項等（パスワード・暗証番号等）の申告を受けることにより，顧客と記録されている者とが同一であることを確認する

③　特定事業者が顧客と面識がある場合など，顧客が確認記録に記録されている顧客等とが同一であることが明らかである

(2)上記(1)の取引時確認済みの確認を行った当該取引の確認記録を検索するための事項，取引等の日付，取引等の種類を記録し，取引の日から7年間保存する

　ただし，取引時確認済みの顧客との取引であっても，当該取引が高リスク取引にあたる場合には，厳格な取引時確認の実施が必要であるほか，顧客管理を行う上で特別の注意を要する取引（疑わしい取引，同種の取引の態様と著しく異なる態様で行われる取引）の場合には，改めて取引時確認の実施が必要となる。

　したがって，(1)・(2)は適切でなく，(3)は適切であり，これが本問の正解である。

〈正解：(3)〉

【問－38】 確認記録の作成・保存義務等

　取引時確認を行った場合の確認記録の作成・保存義務等に関する記述について，適切でないものは次のうちどれですか。

(1)　取引時確認を行った場合には，直ちに確認記録を作成し，特定取引等に係る契約が終了した日から7年間保存しなければならない。

(2)　本人確認書類の提示を受けたときは，原則としてその日付および時刻を記載しなければならない。

(3)　確認記録に記載した本人特定事項等に，その後，変更があることを知った場合でも，当該確認記録に付記する必要はない。

解説＆正解

Check ☑ ☑ ☑

　金融機関等の特定事業者が取引時確認を行った場合には，直ちに確認記録を作成し，特定取引等に係る契約が終了した日から7年間保存しなければならない（犯罪収益移転防止法6条）。したがって，(1)は適切である。

　確認記録の記録事項は，施行規則20条に列挙されているが，本人確認書類または補完書類の提示を受けたときは，提示を受けた日付および時刻（本人確認書類の写しを確認記録に添付し，7年間保存する場合は日付のみでよい），本人確認書類，補完書類またはその写しの送付を受けたときは，送付を受けた日付を記載することとされている（施行規則20条1項3号・4号）。したがって，(2)は適切である。

　特定事業者は，確認記録に記載した本人特定事項等に変更または追加があることを知った場合は，当該変更または追加に係る内容を確認記録に付記することとされている（施行規則20条3項）。したがって，(3)は適切でなく，これが本問の正解である。

〈正解：(3)〉

【問－39】 取引記録の作成・保存義務等

犯罪収益移転防止法における取引記録の作成・保存義務等に関する記述について，適切なものは次のうちどれですか。

(1) 残高照会のような財産移転を伴わない取引や，1万円以下の財産移転に関する取引の場合，取引記録の作成・保存は不要である。

(2) 200万円を超える外貨両替取引の場合，取引記録の作成・保存は不要である。

(3) 自金融機関のATMを通じて行われる顧客と他の金融機関との間の取引の場合，取引記録の作成・保存は必要である。

解説&正解

Check ☑ ☑ ☑

　金融機関は，特定業務にかかる取引を行った場合には，少額の取引その他の政令で定める取引を除き，直ちに，主務省令で定める方法により，顧客等の確認記録を検索するための事項，当該取引の期日および内容その他の主務省令で定める事項に関する記録を作成しなければならない（犯罪収益移転防止法7条1項）。この取引記録の作成・保存を必要とする取引は，特定取引に限られず，金融機関の特定業務から発生する取引全般であるが，少額の取引その他一部の取引は，取引記録の作成が免除されている。

　取引記録の作成が免除される取引としては，①財産移転を伴わない取引（残高照会など），②1万円以下の財産の財産移転にかかる取引，③200万円以下の本邦通貨間の両替または200万円以下の本邦通貨と外国通貨の両替もしくは200万円以下の旅行小切手の販売もしくは買取りなどが定められている（施行令15条1項1号～3号）。

　したがって，(2)は適切でなく，(1)は適切であり，これが本問の正解である。

　また，ATMその他これに準ずる機械を通じて行われる顧客等と他の金融

機関等との間の取引（為替取引のために当該他の金融機関等が行う現金の支払を伴わない預金または貯金の払戻しを除く）については，取引記録の作成義務はない（施行令15条1項4号，施行規則22条1項1号）。

したがって，(3)は適切でない。

〈正解：(1)〉

One Point
●確認記録および取引記録の保存期間
① 確認記録……特定取引等に係る契約が終了した日から7年間（犯罪収益移転防止法6条2項）
② 取引記録……当該取引等の行われた日から7年間（犯罪収益移転防止法7条3項）

【問－40】 犯罪収益移転危険度調査書

> 　犯罪収益移転危険度調査書（令和5年12月公表）について，適切でないものは次のうちどれですか。
> (1)　特定事業者は，特定業務に係る個別の取引が疑わしい取引に該当するかの判断について，犯罪収益移転危険度調査書の内容を勘案する必要はない。
> (2)　マネー・ローンダリングを行う主体の主なものとして，暴力団，特殊詐欺の犯行グループ，来日外国人犯罪グループを挙げている。
> (3)　非居住者との取引は，居住者との取引に比べて，特定事業者による継続的な顧客管理の手段が制限されるため，危険度が高い。

解説＆正解

Check ☑ ☑ ☑

　犯罪収益移転防止法3条3項に基づき，国家公安委員会は，毎年，犯罪による収益の移転に係る手口その他の犯罪による収益の移転の状況に関する調査および分析を行った上で，特定事業者その他の事業者が行う取引の種別ごとに，当該取引による犯罪による収益の移転の危険性の程度その他の当該調査および分析の結果を記載した犯罪収益移転危険度調査書（National Risk Assessment：NRA）を作成し，公表している。

　金融機関等の特定事業者は，特定業務に係る取引が疑わしい取引に該当するかの判断に際し，当該取引に係る取引時確認の結果，当該取引の態様その他の事情および犯罪収益移転危険度調査書の内容を勘案しなければならない（犯罪収益移転防止法8条2項）。したがって，(1)は適切でなく，これが本問の正解である。

　同調査書は，マネー・ローンダリングを行う主体の主なものとして，暴力団，特殊詐欺の犯行グループ，来日外国人犯罪グループの3つを挙げている。したがって，(2)は適切である。

また，取引の危険度に影響を与える顧客の属性として以下を特定し，分析・評価を行っている。
・マネー・ローンダリング等を行おうとする者
　①暴力団等
　②国際テロリスト（イスラム過激派等）
・顧客管理が困難である者
　③非居住者
　④外国の重要な公的地位を有する者
　⑤法人（実質的支配者が不透明な法人等）
非居住者（日本国内に住所を有していない外国人等）との取引は，居住者との取引に比べて，「特定事業者による継続的な顧客管理の手段が制限される」ことから，「危険度が高い」と評価している。したがって，(3)は適切である。

〈正解：(1)〉

【問－41】 疑わしい取引への該当の判断

> 犯罪収益移転防止法施行規則27条における疑わしい取引に該当するかどうかの判断について，適切でないものは次のうちどれですか。
> (1) 疑わしい取引について，新規顧客との取引，既存顧客との取引，高リスク取引とに場合分けした上で，それぞれの場合における判断方法について規定している。
> (2) 疑わしい取引に該当するかの判断の際，取引ごとのチェックの深度や，どのような頻度でこれを行うかについては，取引の内容等を勘案し，特定事業者において個別に判断する。
> (3) 高リスク取引の場合，高リスク取引でない場合の確認方法に加え，担当者が追加情報の収集等必要な調査を行って，当該取引に疑わしい点があるかを確認して判断する。

解説＆正解

Check ☑ ☑ ☑

　金融機関等の特定事業者は，特定業務に係る取引において収受した財産が犯罪による収益である疑いがあるかどうか，または顧客等が当該取引に関し組織的犯罪処罰法10条の罪もしくは麻薬特例法6条の罪にあたる行為を行っている疑いがあるかどうかを判断し，これらの疑いがある場合には，速やかに，疑わしい取引の届出（【問－17】参照）を行政庁に対し行うこととされている（犯罪収益移転防止法8条1項）。

　施行規則27条1項1号～3号では，疑わしい取引について，新規顧客との取引，既存顧客との取引，高リスク取引とに場合分けした上で，各場合における判断方法について規定している。したがって，(1)は適切である。

　疑わしい取引に該当するかの判断の際，すべての取引について一律に同じ深度でチェックすることが義務付けられるものではなく，リスクに応じた特定事業者の判断により，取引ごとのチェックの深度が異なることも許容され

ている。また，どのような頻度でこれを行うかについても，取引の内容等を勘案し，特定事業者において個別に判断する必要がある。したがって，(2)は適切である。

施行規則27条1項1号〜3号は，次のように規定されている。

① 新規顧客との取引（一見取引）の場合（高リスク取引の場合を除く）は，施行規則26条に定める確認項目に従って，疑わしい点があるかどうかを判断する（1号）。

② 既存顧客との取引の場合（高リスク取引の場合を除く）は，過去の確認記録，取引記録，確認記録の内容を最新の内容に更新した情報等その他の当該取引に関する情報を精査した上で，施行規則26条に定める確認項目に従って判断する（2号）。

③ 高リスク取引の場合，上記2つの場合の方法に加え，顧客等に対する質問その他の当該取引に疑わしい点があるかどうかを確認するために必要な調査（取引時確認の際に顧客から申告を受けた職業等の真偽を確認するためにインターネット等を活用して追加情報を収集する等）を行った上で，当該取引に疑わしい点があるかどうかを統括管理者等またはこれに相当する者に確認させることが必要とされている（3号）。

したがって，(3)は適切でなく，これが本問の正解である。

なお，上記③の場合，当該取引の担当者には当該取引を行うことについて，統括管理者等またはこれに相当する者の承認を受けさせることが必要とされている（施行規則32条1項4号）。

〈正解：(3)〉

One Point
●施行規則26条に定める確認項目（同条1〜3号）とは

① 当該取引の態様と特定事業者が他の顧客等との間で通常行う特定業務に係る取引の態様との比較（1号：他の顧客との取引との比較）

② 当該取引の態様と特定事業者が当該顧客等との間で行った他の特定業務に係る取引の態様との比較（2号：その顧客との過去の取引との比較）

③ 当該取引の態様と当該取引に係る取引時確認の結果その他特定事業者が当該取引時確認の結果に関して有する情報との整合性（3号：取引時確認等の情報との整合性）

【問-42】疑わしい取引の届出の方式

疑わしい取引の届出の方式に関する記述について，適切でないものは次のうちどれですか。

(1) 疑わしい取引の届出の方式は，①電子申請システムによる届出，②電磁的記録媒体による届出，③書面による届出のいずれかを選ぶことができる。

(2) 金融庁は，情報管理を強化し，業務を高度化・効率化していく観点から，電子申請システムを利用した届出への移行を推奨している。

(3) 電子申請システムを利用した届出の場合，金融庁が提供する事業者プログラムを使用して作成した届出票ファイル等および参考資料を提出用データにして行政庁宛に届け出る。

解説＆正解

Check ☑ ☑ ☑

疑わしい取引の届出の方式として，各事業者は，①電子申請システムによる届出（インターネット経由），②電磁的記録媒体による届出（書留または直接持参），③書面による届出（書留または直接持参）のいずれかの届出の方式を選ぶことができる。したがって，(1)は適切である。

金融庁は，各金融機関に対して，届出件数が増加する中で情報管理を強化し，業務を高度化・効率化していく観点から，電子申請システムを利用した届出への移行を推奨している。したがって，(2)は適切である。

電子申請システムによる届出（インターネット経由）とは，警察庁（JAFIC）が提供する事業者プログラムを使用して作成した届出票ファイル等および参考資料を画像ファイルにした電子データを提出用データにまとめた上で，届出先行政庁宛（金融庁長官へ届出することとされている金融機関等は，金融庁監督局総務課特定金融情報第2係に届け出る。その他主な届出先の例は次頁の表を参照）に，電子政府の総合窓口（e-Gov）にアクセスして届け出るもので

ある。したがって，(3)は適切でなく，これが本問の正解である。

　なお，電磁的記録媒体による届出（書留または直接持参）とは，事業者プログラムを使用して作成した届出票ファイル等を電磁的記録媒体に保存し，提出票ファイル，届出票ファイル等を印刷したものおよび参考資料の写しとともに，届出先に郵送もしくは持ち込みで届け出るものであり，書面による届出（書留または直接持参）とは，疑わしい取引を文書（届出書および参考資料）で届出先に郵送もしくは持ち込みで届け出るものである。

〈正解：(3)〉

《※特定事業者ごとの届出先の例》

特定事業者		行政庁	届出先担当部局
銀行 信用金庫 信用協同組合		金融庁長官	金融庁監督局総務課 特定金融情報第2係
労働金庫 　（下記以外の労働金庫）		金融庁長官および 厚生労働大臣	金融庁監督局総務課 特定金融情報第2係 厚生労働省雇用環境・均等局 勤労者生活課労働金庫業務室
	一の都道府県の区域を超えない区域を地区とする労働金庫	各都道府県知事	各都道府県庁の担当部局
農業協同組合 （信用事業および共済事業に係る届出に限る）		各都道府県知事	各都道府県庁の担当部局

One Point

　書面または電磁的記録媒体による届出を郵送で行う場合には，必ず書留等とすること，および迅速な届出のため，できるだけ速達とすること等の要請ほか，各方式における具体的な手続等が金融庁のWebサイトにまとめられている。
「疑わしい取引の届出手続きと届出にあたってのお願い（金融庁）」
(https://www.fsa.go.jp/str/tetuzuki/index.html)

【問－43】 疑わしい取引の参考事例(預金取扱い金融機関)の内容

金融庁の疑わしい取引の参考事例（預金取扱い金融機関）に関する記述について，適切なものは次のうちどれですか。

(1) 保護預りや両替など，金融機関の付随業務に係る取引は，参考事例として記載されていない。

(2) 夜間金庫の利用など，行職員が直接かかわらない取引は，参考事例として記載されていない。

(3) 顧客の属性が，暴力団員，暴力団関係者に係る取引は，参考事例として記載されている。

解説＆正解

金融庁の疑わしい取引の参考事例（預金取扱い金融機関）には次の8つの類型が記載されている。

第1 「現金の使用形態に着目した事例」

第2 「真の口座保有者を隠匿している可能性に着目した事例」

第3 「口座の利用形態に着目した事例」

第4 「債券等の売買の形態に着目した事例」

第5 「保護預り・貸金庫に着目した事例」

第6 「外国との取引に着目した事例」

第7 「融資及びその返済に着目した事例」

第8 「その他の事例」

保護預りについては，「「第2　真の口座保有者を隠匿している可能性に着目した事例」に準じる」として上記第5に，両替については上記第1に記載されている。したがって，(1)は適切でない。

夜間金庫の利用については，「多額の現金の預入れ又は急激な利用額の増加に係る取引」として，上記第1に記載されている。したがって，(2)は適切

でない。

　暴力団員，暴力団関係者に係る取引は，上記第8に記載されている。

　したがって，(3)は適切であり，これが本問の正解である。

　なお，本参考事例は，目安となる事例を例示したものにすぎないので，参考事例に形式的に合致するものがすべて疑わしい取引に該当するものではない一方，これに該当しない取引であっても，特定事業者が疑わしい取引に該当すると判断したものは疑わしい取引の届出の対象となることに留意が必要である。

〈正解：(3)〉

One Point

●疑わしい取引の参考事例の改訂（2019年4月1日）

　金融庁の「疑わしい取引の参考事例」は，下記の4類型について内容を拡充する形で改訂が施されていることにも留意が必要である。

　第2　真の口座保有者を隠匿している可能性に着目した事例

　第3　口座の利用形態に着目した事例

　第6　外国との取引に着目した事例

　第8　その他の事例

【問－44】 ガイドラインに基づく職員の確保，育成

> ガイドラインに基づく職員の確保，育成等について，適切でないものは次のうちどれですか。
>
> (1) 金融機関は，マネロン・テロ資金供与対策に関わる行職員について，その役割に応じて，必要とされる知識，専門性のほか，研修等を経たうえで取引時確認等の措置を的確に行うことができる適合性等について，継続的に確認することが求められている。
>
> (2) 金融機関は，全社的な疑わしい取引の届出状況や，営業部門に寄せられる質問内容・気づき等を管理部門に還元することで，管理部門のリスク認識を深めることが求められている。
>
> (3) 金融機関は，行職員に対して実施した研修の効果について，研修内容の遵守状況の検証や行職員に対するフォローアップ等の方法により確認し，必要に応じて研修内容を見直すことが求められている。

解説＆正解

Check ☑ ☑ ☑

　ガイドラインⅢ－5「職員の確保，育成等」によれば，「マネロン・テロ資金供与リスク管理態勢の実効性は，各営業店を含む様々な部門の職員がその役割に応じた専門性・適合性等を有し，経営陣が定めた方針・手続・計画等を的確に実行することで確保されるものである。金融機関等においては，こうした専門性・適合性等を有する職員を必要な役割に応じ確保・育成しながら，適切かつ継続的な研修等（関係する資格取得を含む。）を行うことにより，組織全体として，マネロン・テロ資金供与対策に係る理解を深め，専門性・適合性等を維持・向上させていくことが求められる」，とされている。

　「対応が求められる事項」としては，①マネロン・テロ資金供与対策に関わる職員について，その役割に応じて，必要とされる知識，専門性のほか，研修等を経た上で取引時確認等の措置を的確に行うことができる適合性等に

ついて，継続的に確認すること，②取引時確認等を含む顧客管理の具体的方法について，職員が，その役割に応じて的確に理解することができるよう，わかりやすい資料等を用いて周知徹底を図るほか，適切かつ継続的な研修等を行うこと，③当該研修等の内容が，自らの直面するリスクに適合し，必要に応じ最新の法規制，内外の当局等の情報を踏まえたものであり，また，職員等への徹底の観点から改善の余地がないか分析・検討すること，④研修等の効果について，研修等内容の遵守状況の検証や職員等に対するフォローアップ等の方法により確認し，新たに生じるリスク等も加味しながら，必要に応じて研修等の受講者・回数・受講状況・内容等を見直すこと，⑤全社的な疑わしい取引の届出状況や，管理部門に寄せられる質問内容・気づき等を営業部門に還元するほか，営業部門内においてもこうした情報を各職員に的確に周知するなど，営業部門におけるリスク認識を深めること，が挙げられている。

　したがって，(1)は上記①に，(3)は上記④に適合し適切であるが，(2)は適切でなく，これが本問の正解である。

　なお，ガイドライン同項の「対応が期待される事項」としては，海外拠点を有する金融機関等グループに向け，a.海外拠点等を有する金融機関等グループにおいて，各海外拠点等のリスク評価の担当者に対して，単にリスク評価の手法についての資料等を作成・配布するのみならず，リスク評価の重要性や正確な実施方法に係る研修等を当該拠点等の特殊性等を踏まえて実施し，その研修等の内容についても定期的に見直すこと，b.海外拠点等を有し，海外業務が重要な地位を占める金融機関等グループにおいて，マネロン・テロ資金供与対策に関わる職員が，マネロン・テロ資金供与に係る国際的な動向について，有効な研修等や関係する資格取得に努めるよう態勢整備を行うこと，の2点が挙げられている。

〈正解：(2)〉

【問-45】 ガイドラインにおける官民連携・関係当局との連携等

　ガイドラインにおける官民連携・関係当局との連携等に関する記述について，適切でないものは次のうちどれですか。

(1)　マネロン・テロ資金供与リスクに対して，わが国金融システム全体の健全性を維持するためには，個別の金融機関等における対応のみならず，内外の関係当局・業界団体・金融機関等の民間事業者が連携・協働して対応を進めていく必要がある。

(2)　金融庁は，官民双方の円滑なコミュニケーションを促進する観点から，業界団体や個別金融機関等からの意見等を踏まえて，モニタリングやアウトリーチ等のあり方について，継続的に見直していく。

(3)　時々変化するマネロン・テロ資金供与の動向に機動的に対応するために，効率性の観点から，顧客との接点である金融機関の営業部門において，顧客の情報や公表されている国際的な議論・先進的な取組みの情報を収集し，対応のノウハウを蓄積することが求められる。

解説&正解

Check　☑ ☑ ☑

　ガイドラインⅣ－2「官民連携・関係当局との連携等」によれば，「高まりをみせるマネロン・テロ資金供与リスクに対して，我が国金融システム全体の健全性を維持するためには，個別の金融機関等における対応のみならず，内外の関係当局，業界団体，金融機関等の民間事業者が連携・協働して対応を進めていく必要がある」，とされている。したがって，(1)は適切である。

　続いて，「特に，時々変化するマネロン・テロ資金供与の動向に機動的に対応するためには，国際的な議論・先進的な取組み等についての情報収集が重要となるが，個別の金融機関等において収集できる情報には限界があることも考えられるほか，対応のノウハウを蓄積する上でも，非効率となりかね

ない」，とされており，効率性の観点から，金融機関の営業部門において，顧客の情報や公表されている国際的な議論・先進的な取組みの情報を収集し，対応のノウハウを蓄積することが求められるとする(3)は適切でなく，これが本問の正解である。

　さらに，「金融庁としても，官民双方の円滑なコミュニケーションを更に促進する観点から，業界団体や個別金融機関等からの意見等を踏まえて，モニタリングやアウトリーチ等のあり方についても，継続的に見直していく」，とされている。したがって，(2)は適切である。

〈正解：(3)〉

【問－46】 ガイドラインに基づくリスクベース・アプローチにおけるリスクの特定

　ガイドラインに基づくリスクベース・アプローチにおけるリスクの特定に関する記述について、適切なものは次のうちどれですか。

(1)　リスクの特定は、金融機関自らが提供している商品・サービスや、取引形態、取引に係る国・地域、顧客の属性等のリスクを包括的かつ具体的に検証し、直面するマネロン・テロ資金供与リスクを特定するものであり、リスクベース・アプローチの出発点である。

(2)　取引に係る国・地域について検証を行うにあたっては、具体的に、自金融機関が取引を有する国を限定したうえで、直接・間接の取引可能性を検証し、リスクを把握することが「対応が求められる事項」とされている。

(3)　新たな商品・サービスを取り扱う場合や、新たな技術を活用して行う取引その他の新たな態様による取引を行う場合には、当該商品・サービス等の提供後すみやかに分析を行い、マネロン・テロ資金供与リスクを検証することとされている。

解説&正解

Check ☑ ☑ ☑

　ガイドラインⅡ－2（1）「リスクの特定」においては、「リスクの特定は、自らが提供している商品・サービスや、取引形態、取引に係る国・地域、顧客の属性等のリスクを包括的かつ具体的に検証し、直面するマネロン・テロ資金供与リスクを特定するものであり、リスクベース・アプローチの出発点である」、とされている。したがって、(1)は適切であり、これが本問の正解である。

　ガイドラインでは、「対応が求められる事項」として次の5つが挙げられている。

① 国によるリスク評価の結果等を勘案しながら，自らが提供している商品・サービスや，取引形態，取引に係る国・地域，顧客の属性等のリスクを包括的かつ具体的に検証し，自らが直面するマネロン・テロ資金供与リスクを特定すること

② 包括的かつ具体的な検証に当たっては，自らの営業地域の地理的特性や，事業環境・経営戦略のあり方等，自らの個別具体的な特性を考慮すること

③ 取引に係る国・地域について検証を行うに当たっては，FATFや内外の当局等から指摘を受けている国・地域も含め，包括的に，直接・間接の取引可能性を検証し，リスクを把握すること

④ 新たな商品・サービスを取り扱う場合や，新たな技術を活用して行う取引その他の新たな態様による取引を行う場合には，当該商品・サービス等の提供前に，当該商品・サービスのリスクの検証，及びその提供に係る提携先，連携先，委託先，買収先等のリスク管理態勢の有効性も含めマネロン・テロ資金供与リスクを検証すること

⑤ マネロン・テロ資金供与リスクについて，経営陣が，主導性を発揮して関係する全ての部門の連携・協働を確保した上で，リスクの包括的かつ具体的な検証を行うこと

したがって，具体的に自金融機関が取引を有する国を限定し，直接・間接の取引可能性を検証するとする(2)，および新たな商品・サービス等の提供後すみやかにリスクを分析することとする(3)は適切でない。なお，新たな商品・サービス等の提供後に，当該商品・サービス等の内容の変更等により，事前に分析・検証したものと異なるリスクを検知した場合には，リスクの見直しを行った上で，見直し後のリスクを低減させるための措置を講ずる必要がある（FAQ）。

〈正解：(1)〉

【問－47】 ガイドラインに基づくリスクベース・アプローチにおけるリスクの評価

> ガイドラインに基づくリスクベース・アプローチにおけるリスクの評価に関する記述について，適切でないものは次のうちどれですか。
>
> (1) リスクの評価は，特定されたマネロン・テロ資金供与リスクの自らへの影響度等を評価し，低減措置等の具体的な対応を基礎付けるものである。
>
> (2) 定期的にリスク評価を見直し，マネロン・テロ資金供与対策に重大な影響を及ぼし得る新たな事象の発生等に際し，必要に応じ，リスク評価を見直すことが「対応が求められる事項」とされている。
>
> (3) 疑わしい取引の届出の件数等の定量情報について，部門・拠点・届出要因・検知シナリオ別等に分析を行うなど，リスクの評価に活用することが，「対応が期待される事項」とされている。

解説＆正解

Check ☑ ☑ ☑

　ガイドラインⅡ－2（2）「リスクの評価」においては，「特定されたマネロン・テロ資金供与リスクの自らへの影響度等を評価し，低減措置等の具体的な対応を基礎付け，リスクベース・アプローチの土台となるものであり，自らの事業環境・経営戦略の特徴を反映したものである必要がある」，とされ，「リスク低減措置の具体的内容と資源配分の見直し等の検証に直結するものであることから，経営陣の関与の下で，全社的に実施することが必要である」，とされている。したがって，(1)は適切である。

　ガイドラインでは，「対応が求められる事項」として，次の6つが挙げられている。

① リスク評価の全社的方針や具体的手法を確立し，当該方針や手法に則って，具体的かつ客観的な根拠に基づき，前記「(1)リスクの特定」において

特定されたマネロン・テロ資金供与リスクについて，評価を実施すること

② 上記①の評価を行うに当たっては，疑わしい取引の届出の状況等の分析等を考慮すること

③ 疑わしい取引の届出の状況等の分析に当たっては，届出件数等の定量情報について，部門・拠点・届出要因・検知シナリオ別等に行うなど，リスクの評価に活用すること

④ リスク評価の結果を文書化し，これを踏まえてリスク低減に必要な措置等を検討すること

⑤ 定期的にリスク評価を見直すほか，マネロン・テロ資金供与対策に重大な影響を及ぼし得る新たな事象の発生等に際し，必要に応じ，リスク評価を見直すこと

⑥ リスク評価の過程に経営陣が関与し，リスク評価の結果を経営陣が承認すること

したがって，⑵は上記⑤に該当し，適切である。

また，従前，疑わしい取引の届出について，一定量の届出がある場合に届出件数および金額等の定量情報を分析し，部門・拠点間等の比較等を行うことがリスクの特定・評価における「対応が期待される事項」とされていたところ，2021年2月のガイドライン改正において，リスクの評価における「対応が求められる事項」②・③として，上記の通り明記された。したがって，⑶は適切でなく，これが本問の正解である。

なお，上記①の「具体的かつ客観的な根拠に基づき（中略）評価を実施」については，「具体的かつ客観的な実際の取引分析や評価，顧客属性，疑わしい取引の届出の内容や傾向，自らの金融犯罪被害の状況や手口の分析等を踏まえた評価とすること」などが考えられている（FAQ）。

〈正解：⑶〉

【問－48】 ガイドラインに基づくリスクベース・アプローチにおけるリスク低減措置

　　ガイドラインに基づくリスクベース・アプローチにおけるリスク低減措置の意義に関する記述について，適切でないものは次のうちどれですか。

(1)　自らが直面するマネロン・テロ資金供与リスクを低減させるための措置は，リスクベース・アプローチに基づくマネロン・テロ資金供与リスク管理態勢の実効性を決定付けるものである。

(2)　リスクベース・アプローチにおいては，特定・評価されたリスクを前提としながら，実際の顧客の属性・取引の内容等を調査し，調査の結果をリスク評価の結果と照らして，講ずべき低減措置を判断したうえで，当該措置を実施することとなる。

(3)　リスク低減措置は，個々の顧客やその行う取引のリスクの大きさに応じて実施すべきものであるが，より厳格な措置を講じるか，より簡素な措置を行うかの判断は，自らが定めるのではなく，ガイドラインに記載された事項や，業界団体等を通じて共有される事例や内外の当局等からの情報等に基づいて行わなければならない。

解説＆正解

Check ☑ ☑ ☑

　　ガイドラインⅡ－2（3）（ⅰ）「リスク低減措置の意義」においては，「自らが直面するマネロン・テロ資金供与リスクを低減させるための措置は，リスクベース・アプローチに基づくマネロン・テロ資金供与リスク管理態勢の実効性を決定付けるものである」，とされている。したがって，(1)は適切である。

　　また，リスクベース・アプローチにおいては，ガイドラインⅡ－2（1）「リスクの特定」，ガイドラインⅡ－2（2）「リスクの評価」で特定・評価

されたリスクを前提としながら，「実際の顧客の属性・取引の内容等を調査し，調査の結果をリスク評価の結果と照らして，講ずべき低減措置を判断した上で，当該措置を実施することとなる」，とされている。したがって，(2)は適切である。

さらに，「リスク低減措置は，個々の顧客やその行う取引のリスクの大きさに応じて実施すべきものであり，自らが定めるところに従って，マネロン・テロ資金供与リスクが高い場合には，より厳格な措置を講ずることが求められる一方，リスクが低いと判断した場合には，より簡素な措置を行うことが許容される。（中略）リスク低減措置の具体的内容は，自らが直面するリスクに応じて，各金融機関等において顧客や取引ごとに個別具体的に検討・実施されるべきものであり，金融機関等においては，本ガイドラインに記載された事項のほか，業界団体等を通じて共有される事例や内外の当局等からの情報等も参照しつつ，自らのリスクに見合った低減措置を工夫していくことが求められる」，とされている。

したがって，リスクに応じたより厳格な措置あるいはより簡素な措置を行う判断を自らが定めるのではないとする(3)は適切でなく，これが本問の正解である。

なお，リスク低減の手法の一つとして，ガイドラインにおいて「ITシステムの活用」が挙げられている。ITシステムの活用は，「自らが顧客と行う取引について，商品・サービス，取引形態，国・地域，顧客属性等の様々な情報の集約管理を行うことを可能とする」，とされている。

〈正解：(3)〉

【問-49】 ガイドラインに基づくリスクベース・アプローチにおける顧客管理措置

> 　ガイドラインに基づくリスクベース・アプローチにおける顧客管理（カスタマー・デュー・ディリジェンス：CDD）に関する記述について，適切でないものは次のうちどれですか。
> (1)　顧客と取引を行うにあたっては，当該顧客がどのような人物・団体か，団体の実質的支配者は誰か，取引目的のほか，資金の流れはどうなっているかなど，顧客に係る基本的な情報を適切に調査し，講ずべき低減措置を判断・実施することが必要不可欠である。
> (2)　リスクが高いと思われる顧客等の判断のために，顧客等の職業・事業内容のほか，顧客に関する様々な情報を勘案した顧客の受入れに関する方針を定めることが求められている。
> (3)　リスクが高いと判断した顧客に実施する厳格な顧客管理においては，取引の実施につき上級管理職の承認を得る必要はないが，リスクに応じ追加的な情報を入手することや，顧客情報の調査頻度の増加等を図ることが求められている。

解説&正解

Check ☑ ☑ ☑

　ガイドラインⅡ-2（3）（ⅱ）「顧客管理（カスタマー・デュー・ディリジェンス：CDD)」においては，「金融機関等が顧客と取引を行うにあたっては，当該顧客がどのような人物・団体で，団体の実質的支配者は誰か，どのような取引目的を有しているか，資金の流れはどうなっているかなど，顧客に係る基本的な情報を適切に調査し，講ずべき低減措置を判断・実施することが必要不可欠である」，とされている。したがって，(1)は適切である。

　また，「対応が求められる事項」として，次の内容が挙げられている（【対応が求められる事項】①②）。

① 自らが行ったリスクの特定・評価に基づいて，リスクが高いと思われる顧客・取引とそれへの対応を類型的・具体的に判断することができるよう，顧客の受入れに関する方針を定めること

② 前記①の顧客の受入れに関する方針の策定に当たっては，顧客及びその実質的支配者の職業・事業内容のほか，例えば，経歴，資産・収入の状況や資金源，居住国等，顧客が利用する商品・サービス，取引形態等，顧客に関する様々な情報を勘案すること

したがって，(2)は適切である。

また，マネロン・テロ資金供与リスクが高いと判断した顧客については，以下を含むリスクに応じた厳格な顧客管理（EDD）を実施することが求められる（【対応が求められる事項】⑦イロハ）。

イ．資産・収入の状況，取引の目的，職業・地位，資金源等について，リスクに応じ追加的な情報を入手すること

ロ．当該顧客との取引の実施等につき，上級管理職の承認を得ること

ハ．リスクに応じて，当該顧客が行う取引に係る敷居値の厳格化等の取引モニタリングの強化や，定期的な顧客情報の調査頻度の増加等を図ること

したがって，(3)は適切でなく，これが本問の正解である。

なお，リスクが低いと判断した顧客については，当該リスクの特性を踏まえながら，当該顧客が行う取引のモニタリングに係る敷居値を上げたりするなどのリスクに応じた簡素な顧客管理（SDD）を行うなど，円滑な取引の実行に配慮することが求められている。また，個々の顧客に着目する顧客管理のほかにも，取引そのものに着目し，取引状況の分析，異常取引や制裁対象取引の検知等を通じてリスクを低減させる手法があり（取引モニタリング・フィルタリング），これらを組み合わせて実施し，リスク低減措置の実効性を高めていくことが有効である。

〈正解：(3)〉

【問-50】 ガイドラインにおけるマネロン等対策に係る方針・手続・計画等の策定・実施・検証・見直し（PDCA）

　ガイドラインにおけるマネロン・テロ資金供与対策に係る方針・手続・計画等の策定・実施・検証・見直し（PDCA）に関する記述について，適切なものは次のうちどれですか。

(1) 実効的なマネロン等リスク管理態勢を確立し，有効に機能させるためには，マネロン・テロ資金供与リスク対策の方針・手続・計画等の整備が必要であるが，情報管理の観点から，全社的な共有には慎重な検討が求められている。

(2) リスクの特定・評価・低減のための方針・手続・計画等が実効的なものとなっているかの検証については，各部門・営業店等への監視等も踏まえつつ，組織的な観点から一律に定期的な時期に実施することが求められている。

(3) リスク低減措置を講じた後の残存リスクを評価し，当該リスクの許容度等に応じて，商品・サービスの取扱いの有無を含めた低減措置の改善等の検討が求められている。

解説&正解

Check ☑ ☑ ☑

　ガイドラインⅢ-1「マネロン・テロ資金供与対策に係る方針・手続・計画等の策定・実施・検証・見直し（PDCA）」によれば，「金融機関等において，実効的なマネロン・テロ資金供与リスク管理態勢を確立し，有効に機能させるためには，マネロン・テロ資金供与対策の方針・手続・計画等を整備し，全社的に共有を図ることが必要である」，とされている。したがって，(1)は適切でない。

　次に，「こうした方針・手続・計画等は，金融機関等におけるリスクに見合った対応の実効性を確保するためのものであり，これらの方針・手続・計

画等の中で，自らの規模・特性等を踏まえながら，リスクの特定・評価・低減という一連の対応を明確に位置付ける必要がある」，とされている。

　また，金融機関等においては，こうした方針・手続・計画等の実効性を検証し，不断に見直しを行っていくことが求められるとされており，「求められる対応」として，「②リスクの特定・評価・低減のための方針・手続・計画等が実効的なものとなっているか，各部門・営業店等への監視等も踏まえつつ，不断に検証を行うこと」が挙げられている。したがって，(2)は適切でない。

　リスク低減措置を講じてもなお残存するリスクについて，従前，当該リスクを評価し，リスク低減措置の改善や管理部門による更なる措置の実施の必要性につき検討することが「求められる対応」とされていたところ，2021年2月のガイドライン改正において，「当該リスクの許容度や金融機関等への影響に応じて，取扱いの有無を含めたリスク低減措置の改善や更なる措置の実施の必要性につき，検討すること」が明記された。したがって，(3)は適切であり，これが本問の正解である。

〈正解：(3)〉

One Point

●ガイドラインを踏まえた預金規定の制定（２）

　60頁に記載の全国銀行協会によるガイドラインを踏まえた普通預金規定・参考例は次の通り。なお，太字部分が改定・新設箇所である。

〇.（取引の制限等）
（１）当行は，預金者の情報および具体的な取引の内容等を適切に把握するため，**提出期限を指定して各種確認や資料の提出を求めることがあります。預金者から正当な理由なく指定した期限までに回答いただけない場合には，入金，払戻し等の本規定にもとづく取引の一部を制限する場合があります。**
（２）**前項の各種確認や資料の提出の求めに対する預金者の回答，具体的な取引の内容，預金者の説明内容およびその他の事情を考慮して，当行がマネー・ローンダリング，テロ資金供与，もしくは経済制裁関係法令等への抵触のおそれがあると判断した場合には，入金，払戻し等の本規定にもとづく取引の一部を制限する場合があります。**
（３）**前２項に定めるいずれの取引の制限についても，預金者からの説明等にもとづき，マネー・ローンダリング，テロ資金供与，または経済制裁関係法令等への抵触のおそれが合理的に解消されたと当行が認める場合，当行は当該取引の制限を解除します。**

11.（解約等）
（１）この預金口座を解約する場合には，この通帳を持参のうえ，当店に申出てください。
（２）次の各号の一にでも該当した場合には，当行はこの預金取引を停止し，または預金者に通知することによりこの預金口座を解約することができるものとします。なお，通知により解約する場合，到達のいかんにかかわらず，当行が解約の通知を届出のあった氏名，住所にあてて発信した時に解約されたものとします。
① この預金口座の名義人が存在しないことが明らかになった場合または預金口座の名義人の意思によらずに開設されたことが明らかになった場合
② この預金の預金者が**第９条**第１項に違反した場合
③ **この預金がマネー・ローンダリング，テロ資金供与，経済制裁関係法令等に抵触する取引に利用され，またはそのおそれがあると合理的に認められる場合**
④ この預金が法令や公序良俗に反する行為に利用され，またはそのおそれがあると認められる場合
（３）この預金が，当行が別途表示する一定の期間預金者による利用がなく，かつ残高が一定の金額をこえることがない場合には，当行はこの預金取引を停止し，または預金者に通知することによりこの預金口座を解約することができるものとします。また，法令に基づく場合にも同様にできるものとします。
（４）前２項により，この預金口座が解約され残高がある場合，またはこの預金取引が停止されその解除を求める場合には，通帳を持参のうえ，当店に申出てください。この場合，当行は相当の期間をおき，必要な書類等の提出または保証人を求めることがあります。

［実　践］　三答択一式

【問-51】 特定事業者の義務の範囲等

> 特定事業者の義務の範囲等に関する記述について，適切でないものは次のうちどれですか。
>
> (1) 特定事業者の特定業務に該当しない取引は，犯罪収益移転防止法の対象とならない。
>
> (2) 特定事業者の特定業務に該当するが特定取引等に該当しないものについては，疑わしい取引の届出，取引記録の作成・保存，確認記録の作成・保存の義務が生じる。
>
> (3) 特定事業者の特定取引等に該当するものについては，取引時確認等の義務が生じる。

解説&正解

Check ☑ ☑ ☑

　犯罪収益移転防止法においては，特定事業者が行う業務や取引のすべてが，一律に取引時確認義務の対象となるものではない。

　特定事業者が顧客と取引を行う際に，取引時確認義務，確認記録の作成・保存義務が課せられているのは，犯罪収益移転防止法上の義務の対象となる特定の業務（特定業務）のうち，さらに一定の取引（特定取引等）に限定される（同法4条）。

　これら義務の対象となる特定業務や特定取引等は，犯罪収益移転防止法によって個別に列挙されているが，金融機関においては，特定業務としては「金融業務全般」，特定取引等としては「預貯金契約の締結」「200万円を超える大口現金取引」等が，取引時確認が必要な特定取引等として定められている。

　したがって，特定事業者の特定業務に該当しない取引は，犯罪収益移転防止法の対象とならず，また，特定事業者の特定取引等に該当するものについては，取引時確認等の義務が生じるので，(1)・(3)は適切である。

他方，特定事業者の特定業務に該当するが特定取引等に該当しないものについては，疑わしい取引の届出および取引記録の作成・保存義務は生じる（特定業務に係る取引のうち少額取引等は除く）が，取引時確認の必要はなく，確認記録の作成・保存義務は生じないので，(2)は適切でなく，これが本問の正解である。

〈正解：(2)〉

実　践
〔実践〕受験用

【問−52】 犯罪収益移転防止法およびガイドラインにおける記録の保存等

　　犯罪収益移転防止法およびガイドラインにおける記録保存措置等に関する記述について，適切なものは次のうちどれですか。

(1)　犯罪収益移転防止法上，取引記録の作成・保存義務が除外される少額取引等については，疑わしい取引の届出義務も除外される。

(2)　ガイドラインは，本人確認資料等の証跡のほか，顧客との取引・照会等の記録等，適切なマネー・ローンダリングおよびテロ資金供与対策の実施に必要な記録を保存する対応を求めている。

(3)　金融機関は，確認記録・取引記録の正確な記録が求められるが，疑わしい取引の届出件数や，内部監査や研修等の実施状況など，内部的な情報についての蓄積等は求められていない。

解説＆正解

Check ☑ ☑ ☑

　犯罪収益移転防止法上の特定業務に該当する場合，取引記録の作成・保存義務（同法7条1項）および，疑わしい取引の届出義務（同法8条）が課せられるが，①財産移転を伴わない取引，②その価額が1万円以下の財産の財産移転に係る取引，③200万円以下の本邦通貨間の両替，本邦通貨と外国通貨の両替，旅行小切手の販売もしくは買取り等については，取引記録の作成・保存義務が除外される（施行令15条1項各号）。一方，取引記録の作成・保存義務が除外される場合でも，疑わしい取引の届出義務は除外されないことに注意が必要である。したがって，(1)は適切でない。

　ガイドラインⅡ−2 (3)（ⅳ）「記録の保存」では，金融機関が保存する確認記録や取引記録について，「自らの顧客管理の状況や結果等を示すものであるほか，当局への必要なデータの提出や疑わしい取引の届出の要否の判断等にも必須の情報である」，と位置付けている。

その上で，「対応が求められる事項」として，「本人確認資料等の証跡のほか，顧客との取引・照会等の記録等，適切なマネロン・テロ資金供与対策の実施に必要な記録を保存すること」，を挙げている。したがって，(2)は適切であり，これが本問の正解である。

　また，ガイドラインⅡ-2（3）（ⅶ）「データ管理（データ・ガバナンス）」における「対応が求められる事項」として，下記の措置が求められている。

① 　確認記録・取引記録等について正確に記録するほか，ITシステムを有効に活用する前提として，データを正確に把握・蓄積し，分析可能な形で整理するなど，データの適切な管理を行うこと

② 　ITシステムに用いられる顧客情報，確認記録・取引記録等のデータについては，網羅性・正確性の観点で適切なデータが活用されているかを定期的に検証すること

③ 　確認記録・取引記録のほか，リスクの評価や低減措置の実効性の検証等に用いることが可能な，以下を含む情報を把握・蓄積し，これらを分析可能な形で整理するなど適切な管理を行い，必要に応じて当局等に提出できる態勢としておくこと

　イ．疑わしい取引の届出件数（国・地域別，顧客属性別等の内訳）

　ロ．内部監査や研修等（関係する資格の取得状況を含む。）の実施状況

　ハ．マネロン・テロ資金供与リスク管理についての経営陣への報告や，必要に応じた経営陣の議論の状況

したがって，(3)は適切でない。

〈正解：(2)〉

【問－53】 ガイドラインに基づく継続的な顧客管理

> ガイドラインに基づく継続的な顧客管理に関する記述について，適切なものは次のうちどれですか。
>
> (1) 継続的な顧客管理の方針を決定し，実施することや，各顧客に実施されている調査の範囲・手法等が，当該顧客の取引実態や取引モニタリングの結果等に照らして適切か，継続的に検討することが求められている。
>
> (2) 顧客のリスクが高まったと想定される具体的な事象が発生した場合等には機動的な顧客情報の確認を行うことが求められているが，顧客の不芳情報はこの事象に該当しない。
>
> (3) 顧客情報については，定期的な確認までは求められていないが，確認の頻度を顧客のリスクに応じて異にすることが求められている。

解説＆正解

Check ☑ ☑ ☑

　ガイドラインにおいて，顧客管理（CDD）は，「個々の顧客に着目し，自らが特定・評価したリスクを前提として，個々の顧客の情報や当該顧客が行う取引の内容等を調査し，調査の結果をリスク評価の結果と照らして，講ずべき低減措置を判断・実施する一連の流れ」，とされている。

　顧客管理を含むリスク低減措置は，個々の顧客やその行う取引のリスクの大きさに応じて実施すべきとされているが，取引関係の開始時，継続時，終了時の段階等において，常に変動する顧客や取引のリスクについての調査が継続的顧客管理であり，ガイドラインや「マネー・ローンダリング・テロ資金供与・拡散金融対策の現状と課題（2023年6月）」において，金融機関への対応が求められている事項である。

　ガイドラインⅡ－2（3）（ⅱ）「顧客管理」の「対応が求められる事項」⑩では，継続的な顧客管理の実施について次の内容が挙げられている。

イ．取引類型や顧客属性等に着目し，これらに係る自らのリスク評価や取引モニタリングの結果も踏まえながら，調査の対象及び頻度を含む継続的な顧客管理の方針を決定し，実施すること

ロ．各顧客に実施されている調査の範囲・手法等が，当該顧客の取引実態や取引モニタリングの結果等に照らして適切か，継続的に検討すること

ハ．調査の過程での照会や調査結果を適切に管理し，関係する役職員と共有すること

ニ．各顧客のリスクが高まったと想定される具体的な事象が発生した場合等の機動的な顧客情報の確認に加え，定期的な確認に関しても，確認の頻度を顧客のリスクに応じて異にすること

ホ．継続的な顧客管理により確認した顧客情報等を踏まえ，顧客リスク評価を見直し，リスクに応じたリスク低減措置を講ずること

　特に，取引モニタリングにおいては，継続的な顧客管理を踏まえて見直した顧客リスク評価を適切に反映すること

　上記イ・ロの内容は(1)に該当する。したがって，(1)は適切であり，これが本問の正解である。

　上記ニの内容について，顧客のリスクが高まったと想定される具体的な事象が発生した場合としては，例えば，適時開示や報道等により不芳情報に接した場合とされている（「マネー・ローンダリング・テロ資金供与・拡散金融対策の現状と課題（2023年6月）」）。したがって，(2)は適切でない。

　さらに，顧客情報の確認については上記ニのとおり，定期的な確認の頻度を顧客のリスクに応じて異にすることとされている。したがって，(3)は適切でない。

〈正解：(1)〉

【問－54】 個人の本人特定事項確認のための各種の本人確認書類

犯罪収益移転防止法上，個人顧客の本人特定事項を確認する本人確認書類に関する記述について，適切でないものは次のうちどれですか。

(1)　社員証および学生証は，原則として本人確認書類として認められる。

(2)　対面取引において，国民年金手帳が健康保険証とともに提示された場合，本人特定事項の確認ができる。

(3)　提示された本人確認書類に記載された住所が現在のものでない場合，提示日の3ヵ月前の領収日付のある公共料金領収書で現在の住所の確認ができる。

解説&正解

Check ☑ ☑ ☑

個人顧客の本人特定事項を確認する本人確認書類については，①運転免許証，運転経歴証明書，在留カード，特別永住者証明書，個人番号カード，旅券（パスポート）等（氏名，住居，生年月日の記載があるもの）のほか，官公庁発行書類等で氏名，住居，生年月日の記載があり，顔写真が貼付されているもの，②各種健康保険証，国民年金手帳，母子健康手帳，取引を行う事業者との取引に使用している印鑑に係る印鑑登録証明書等，③上記②以外の印鑑登録証明書，戸籍の附票の写し，住民票の写し・住民票記載事項証明書のほか，官公庁発行書類等で氏名，住居，生年月日の記載があり，顔写真のないもの，などが認められており，社員証および学生証は，本人確認書類としては認められていない。したがって，(1)は適切でなく，これが本問の正解である。

対面取引において，写真が貼付されていない国民年金手帳のような本人確認書類（前記②）が提示された場合，前記②の書類2点，また前記③の書類とあわせ2点，あるいは後記④に挙げる補完書類とあわせ2点の提示を受け

れば，本人特定事項の確認ができる。したがって，(2)は適切である。

　また，本人特定事項の確認を行う場合において，顧客・代表者等の現在の住居等が本人確認書類と異なる場合または住居等の記載がないときは，前記①〜③の本人確認書類や④補完書類（納税証明書，社会保険料領収書，公共料金領収書等（領収日付の押印または発行年月日の記載のあるもので，提示または送付を受ける日の前の6ヵ月以内に作成されたものに限る））の提示を受け，またはこれらの書類もしくはその写しの送付を受け，現在の住居等を確認する必要がある。したがって，(3)は適切である。

〈正解：(1)〉

【問－55】 短期在留者に該当する外国人の取引時確認（住居の記載のない旅券による本人特定事項の確認）

> 90日以内の短期在留者に該当する外国人と，200万円を超える外貨両替取引を行う場合の取引時確認に関する記述について，適切なものは次のうちどれですか。
>
> (1) 当該外国人が提示した旅券に氏名・生年月日の記載はあるが住居の記載がない場合，滞在しているホテル等の発行した証明書によって，住居の証明の代わりとすることができる。
>
> (2) 当該外国人が提示した旅券に氏名・生年月日の記載はあるが住居の記載がない場合，旅券に氏名，生年月日，国籍，旅券の番号の記載があれば，取引をすることができる。
>
> (3) 当該外国人が提示した旅券に氏名・生年月日の記載はあるが住居の記載がない場合，本国または大使館等による住居の証明書等の書類の提示がないかぎり，取引をすることはできない。

解説＆正解

Check ☑ ☑ ☑

　両替業務に関しては，犯罪収益移転防止法に基づく「顧客の取引時確認等」（同法4条），「確認記録の作成と保存」（同法6条），「取引記録等の作成と保存」（同法7条）および「疑わしい取引の届出等」（同法8条）の義務が課せられている。また，外為法上は，「顧客の本人確認」（外為法18条）や「本人確認記録等の作成と保存」（外為法18条の3）の義務が課せられている。

　外貨両替は，外国人をはじめ多数の一見客を顧客とする業務であり，マネー・ローンダリングや租税回避に利用される事例もあるため，取引時確認義務および疑わしい取引の届出義務には注意すべきである。

　1件当たり200万円相当額を超える両替取引を行う場合や，200万円相当額

以下の両替取引であっても，マネー・ローンダリング等の疑いがあると認められる場合等には，取引時確認等を行う義務がある。このとき，在留期間90日以内の外国人から住所または居所の記載欄のない旅券等の提示を受けて行う本人特定事項の確認方法（※）は次のとおりであり，旅券に記載の氏名，生年月日に加え，国籍，旅券番号で本人確認を行う。この場合は住所の確認は不要であるが，旅券の上陸許可の証印等により日本での在留期間が90日以内であることを確認する必要がある。

①　在留期間が90日以下の確認方法

「上陸許可の証印」：許可年月日と在留期限・在留期間

②　本人確認記録記載事項

「名称（旅券）」「発行年月日」「国籍（発行国）」「記号番号」

（※）外為省令8条の2の2（本邦内に住所又は住居を有しない外国人の住所又は居所に代わる本人特定事項），犯罪収益移転防止法施行規則8条（本邦内に住居を有しない外国人の住居に代わる本人特定事項）に基づく。

　したがって，(1)および(3)は適切でなく，(2)が適切であり，これが本問の正解である。

　なお，在留期間90日超の外国人の場合は，旅券ではなく，別途，住所または居所の記載のある有効な本人確認書類の提示を求める等，当該旅券単独では本人確認書類として認められないことに留意する必要がある。

〈正解：(2)〉

One Point
●外国人顧客の本人特定事項の確認

　日本国内に住居を有していない外国人は，日本国政府の承認した外国政府または権限ある国際機関の発行した書類等（パスポート等）が本人確認書類となる。
　日本に入国する外国人で中長期在留（3月超）をする外国人，永住者等外国人については在留カードが交付され，在留カード交付対象者には，住民票が作成されるため，在留カードや住民票の写しによって本人特定事項の確認ができる。なお，特別永住者は，在留カード交付の対象ではなく，「特別永住者証明書」が交付される。

【問－56】 犯罪収益移転防止に関する制度の整備が十分に行われていないと認められる国・地域等

次に示す顧客との間の特定取引等に関する記述について，適切でないものは次のうちどれですか。

(1) 日本国籍を有し，犯罪収益移転防止に関する制度の整備が十分に行われていないと認められる国・地域に居住または所在する者との特定取引では，本人特定事項の確認方法が厳格になる。

(2) 犯罪収益移転防止に関する制度の整備が十分に行われていないと認められる国の国籍を有し，国内に居住する顧客との200万円超の財産の移転を伴う特定取引では，「資産及び収入の状況」の確認が必要となる。

(3) 犯罪収益移転危険度調査書において犯罪収益移転防止に関する制度の整備の状況から注意を要するとされた国・地域に居住または所在する者との間で行う特定取引では，統括管理者の承認が求められる。

解説＆正解

Check　☑ ☑ ☑

特定事業者は，次のような高リスク取引を行うに際しては厳格な取引時確認を要するものとされ，当該取引が200万円を超える財産の移転を伴う場合，通常の特定取引における確認事項に加えて，顧客の「資産及び収入の状況」を確認することが義務付けられている（犯罪収益移転防止法4条2項）。

① 取引の相手方が，関連取引時確認（他の取引の際に行われた確認）について，顧客等または代表者等になりすましている疑いがある取引

② 関連取引時確認が行われた際に，当該関連取引時確認事項を偽っていた疑いがある取引

③ 犯罪収益移転防止に関する制度の整備が十分に行われていない国または地域に居住または所在する顧客等との特定取引

④　外国PEPsとの特定取引

　したがって，日本国籍を有している者であっても，犯罪収益移転防止に関する制度の整備が十分に行われていないと認められる国・地域に居住または所在する者との特定取引は，高リスク取引として本人特定事項の確認方法が厳格化されている（犯罪収益移転防止法4条2項2号）。したがって，(1)は適切である。

　しかし，犯罪収益移転防止に関する制度の整備が十分に行われていないと認められる国の国籍を有している者が日本国内に居住している場合は，その者との特定取引は高リスク取引ではないため，200万円超の財産の移転を伴う特定取引については，通常の取引時確認を行うことになる。したがって「資産及び収入の状況」の確認が必要となるとする(2)は適切でなく，これが本問の正解である。

　特定事業者は，取引時確認，取引記録等の保存，疑わしい取引の届出等の措置を的確に行うため，取引時確認をした事項に係る情報を最新の内容に保つための措置を講ずるものとするほか，取引時確認等の措置の的確な実施のために必要な監査その他の業務を統括管理する者の選任や，犯罪収益移転危険度調査書の内容を勘案して講ずべきものとして主務省令で定める措置，などを講ずるよう努めなければならないとされている（犯罪収益移転防止法11条・同条3号・4号）。したがって，犯罪収益移転危険度調査書において犯罪収益移転防止に関する制度の整備の状況から注意を要するとされた国・地域に居住または所在する者との間で行う特定取引では，統括管理者の承認が求められる（施行規則32条1項4号・27条1項3号）。したがって，(3)は適切である。

〈正解：(2)〉

【問－57】 犯罪収益移転防止法上の高リスク取引への対応

犯罪収益移転防止法における高リスク取引に該当する取引への対応に関する記述について，適切なものは次のうちどれですか。

(1) 高リスク取引に該当する場合，すべて疑わしい取引として当局に届け出なければならないとされている。

(2) 高リスク取引に該当する場合，より厳格な顧客管理として，すべての顧客の「資産及び収入の状況」を確認しなければならないとされている。

(3) 高リスク取引に該当する場合，より厳格な顧客管理を実施することについて，当該取引にかかる顧客に対して知らせてもよいとされている。

解説&正解

Check ☑ ☑ ☑

マネー・ローンダリングに用いられるおそれが高い取引（高リスク取引）の場合には，特定事業者がより詳細に取引のリスクを分析し，「疑わしい取引」として届出を行うべきか否かを判断する必要がある。

具体的には，施行規則27条の定めに従い，①同条1号の新規顧客との取引の場合における判断方法（施行規則26条に定める確認項目に従って，疑わしい点があるかどうかを判断する），②同条2号の既存顧客との取引の場合における判断方法（過去の確認記録，取引記録，確認記録の内容を最新の内容に更新した情報等その他当該取引に関する情報を精査した上で，施行規則26条に定める確認項目に従って判断する）に加えて，③同条3号が定める方法，すなわち，当該取引および顧客等または代表者等に対する質問その他の当該取引に疑わしい点があるかどうかを確認するために必要な調査を行った上で，統括管理者またはこれに相当する者に当該取引に疑わしい点があるかどうかを確認させる方法によらなければならない。

したがって，高リスク取引すべてを疑わしい取引として当局に届け出なければならないとする(1)は適切でない。

高リスク取引に際しては，厳格な顧客管理を行う必要性が特に高いと認められる取引として，通常の取引と同様の取引時確認事項に加え，通常の取引時に確認した本人確認書類等以外の本人確認書類または補完書類の確認のほか，実質的支配者についても株主名簿等での確認が必要となる（施行規則14条1項・3項）。また，その取引が200万円を超える財産の移転を伴う場合においては，個人の場合は源泉徴収票・確定申告書により，法人の場合は貸借対照表・損益計算書等により，「資産及び収入の状況」を確認することになる（施行規則14条4項）。したがって，(2)は適切でない。

また，マネー・ローンダリングに利用されるおそれが高い取引であることを踏まえて，「本人特定事項」および「実質的支配者の確認」については，通常の取引の場合よりもさらに厳格な方法によって確認をすることになる。

特定事業者は，疑わしい取引の届出を行おうとすることまたは行ったことを当該疑わしい取引の届出に係る顧客等またはその者の関係者に漏らしてはならないとされているが（犯罪収益移転防止法8条3項），これは上記の「厳格な顧客管理を行う必要性が特に高いと認められる取引」とは必ずしも同一ではなく，厳格な顧客管理を実施することを顧客等に知らせることは法8条3項に抵触するものではないとされている。

したがって，(3)は適切であり，これが本問の正解である。

〈正解：(3)〉

【問－58】 平成23年改正犯罪収益移転防止法の施行前に本人確認を行った顧客との取引

> 平成23年改正犯罪収益移転防止法の施行前に本人確認を行った顧客との取引に関する記述について，適切なものは次のうちどれですか。
>
> (1) すでに本人確認を行っており，その記録が保存されていれば，改めて取引時確認を行う必要はない。
>
> (2) すでに本人確認を行っており，その記録が保存されていれば，すでに本人確認を行っていることの確認のほか，取引を行う目的など本人特定事項以外の確認を行えばよい。
>
> (3) すでに本人確認を行っており，その記録が保存されていたとしても，改めて犯罪収益移転防止法に基づく取引時確認を行い，すべての事項について確認する必要がある。

解説＆正解

Check ☑ ☑ ☑

　2003年に施行された「金融機関等による顧客等の本人確認等に関する法律(本人確認法)」は，金融機関以外の特定事業者をマネロン等対策の枠組みに含め，2008年に犯罪収益移転防止法へと改められた。

　その後，平成23（2011）年改正犯罪収益移転防止法により，従来の本人確認を取引時確認と改めるほか，本人特定事項（氏名，住居，生年月日）に加え，顧客の職業や取引目的など確認事項の追加等が行われたことに伴い，同法の施行後（2013年4月1日以降）に通常の特定取引を行う場合には，同法の施行前に本人確認等を行っている顧客との取引について，次のような経過措置が設けられている。この経過措置は，通常の特定取引を行う場合についてのものであり，高リスク取引を行う場合には，高リスク取引に際して行う確認が必要となることに注意が必要である。

　① 本人確認を行い，その記録を保存している場合

本人確認を行い，その記録を保存している場合には，すでに本人確認を行っている顧客であることの確認を行えば，本人特定事項以外の確認事項（取引を行う目的など）のみの確認を行えばよいこととされている。

　②　「本人確認＋取引を行う目的等の確認」を行い，その記録を保存している場合

　すべての確認事項の確認を行い，その記録を保存している場合には，「すでに取引時確認を行っている顧客との取引」と同様の取扱いとなり，すでに確認を行っている顧客であることの確認を行えば，改めて取引時確認を行う必要はない。

　③　施行日前の継続的な契約に基づく取引を行う場合

　2013年4月1日以降に行う通常の特定取引が同法の施行前に締結された継続的な契約（契約の締結に際して本人確認を行い，その記録を保存している場合に限る）に基づく取引に該当する場合には，すでに本人確認を行っていることを確認すれば，改めて取引時確認を行う必要はない。

　例えば，2013年3月31日以前に締結した預貯金契約の締結（＝継続的な契約の締結）に基づく200万円を超える預金の払戻し（＝基づく取引）をする場合がこれに該当する。

　なお，上記①〜③いずれの場合も，本人確認の代わりに本人確認法に基づく確認や，犯罪収益移転防止法の施行前に本人確認に相当する確認を行っている顧客については，それぞれ同様の取扱いとなる。

　したがって，(1)および(3)は適切でなく，(2)は適切であり，これが本問の正解である。

〈正解：(2)〉

【問－59】 オンラインで完結する自然人の本人特定事項の確認方法

オンラインで完結する自然人の本人特定事項の確認方法（ただし，特定事業者が提供するソフトウェアを使用）について，適切でないものは次のうちどれですか。

(1) 写真付き本人確認書類（運転免許証等）の画像と当該顧客の容貌の画像の送信を受ける方法が認められているが，当該写真付き本人確認書類の画像は，表面と裏面の平面画像でよいとされている。

(2) 写真付き本人確認書類のICチップ情報と本人の容貌の画像の送信を受ける方法が認められているが，当該ICチップには，氏名，住居，生年月日および写真の情報が記録されているものに限られる。

(3) 顧客から1枚に限り発行される本人確認書類の画像またはICチップ情報の送信を受けるとともに，銀行等の預貯金取扱金融機関またはクレジットカード会社に当該顧客の本人特定事項を確認済であることを確認する方法が認められている。

解説＆正解

Check ☑ ☑ ☑

2018年11月30日，施行規則の改正により，オンラインで完結する自然人の本人特定事項の確認方法（以下の①～④）が新たに追加された。その概要は，以下のとおりである（①～④の方法における画像の撮影・送信には，特定事業者が提供するソフトウェアを使用することとされている）。

① 顧客から写真付き本人確認書類の画像と本人の容貌の画像の送信を受ける方法（施行規則6条1項1号ホ）

② 顧客から写真付き本人確認書類の半導体集積回路（ICチップ）情報と本人の容貌の画像の送信を受ける方法（施行規則6条1項1号ヘ）

③ 顧客から1枚に限り発行される本人確認書類の画像または半導体集積回路（ICチップ）情報の送信を受けるとともに，銀行等の預貯金取扱金融

機関またはクレジットカード会社に当該顧客の本人特定事項を確認済であることを確認する方法（施行規則6条1項1号ト(1)）

④　顧客から1枚に限り発行される本人確認書類の画像または半導体集積回路（ICチップ）情報の送信を受けるとともに，当該顧客の預貯金口座（銀行等において本人特定事項を確認済であるもの）に金銭を振り込み，当該顧客から当該振込を特定するために必要な事項が記載されたインターネットバンキング画面の画像等の送付を受ける方法（施行規則6条1項1号ト(2)）

　ただし，上記①の方法の場合，当該写真付き本人確認書類に係る画像情報が，当該写真付き本人確認書類に記載されている氏名，住居および生年月日，当該写真付き本人確認書類に貼り付けられた写真ならびに当該写真付き本人確認書類の厚みその他の特徴を確認することができるものでなければならない。したがって，(1)は適切でなく，これが本問の正解である。

　また，上記②の写真付き本人確認書類は，氏名，住居，生年月日および写真の情報が記録されている半導体集積回路（ICチップ）が組み込まれたものに限られており，当該組み込まれた半導体集積回路（ICチップ）に記録された当該情報の送信を受ける方法でなければならないとされている。したがって，(2)は適切である。

　(3)については，上記③の解説のとおりであり，適切である。

〈正解：(1)〉

【問－60】 取引時確認等を的確に行うための措置

> 犯罪収益移転防止法に規定される，金融機関が取引時確認等を的確に行うための措置について，適切でないものは次のうちどれですか。
> (1) すべての顧客を一律の基準で継続的管理するための規程の作成
> (2) 取引時確認事項に係る情報を最新の内容に保つための措置
> (3) 取引時確認等の措置の実施に関する規程の作成

解説＆正解

Check ☑☑☑

　犯罪収益移転防止法11条は，特定事業者は，取引時確認，取引記録等の保存，疑わしい取引の届出等の措置（以下「取引時確認等の措置」という）を的確に行うため，当該取引時確認をした事項に係る情報を最新の内容に保つための措置を講ずるものとするほか，①使用人に対する教育訓練の実施，②取引時確認等の措置の実施に関する規程の作成，③取引時確認等の措置の的確な実施のために必要な監査その他の業務を統括管理する者の選任，④その他犯罪収益移転危険度調査書の内容を勘案して講ずべきものとして主務省令で定める措置を講ずるように努めなければならないと定めている。

　また，上記④の主務省令（施行規則32条1項各号）で定める措置は，以下のとおりである。

① 自らが行う取引について調査し・分析し，および当該取引による犯罪による収益の移転の危険性の程度その他の当該調査・分析の結果を記載し，または記録した書面・電磁的記録（特定事業者作成書面等）を作成し，必要に応じて見直しを行い，必要な変更を加えること

② 特定事業者作成書面等の内容を勘案し，取引時確認等の措置を行うに際して必要な情報を収集するとともに，当該情報を整理・分析すること

③ 特定事業者作成書面等の内容を勘案し，確認記録および取引記録等を継続的に精査すること

④　顧客等との取引が施行規則27条3号の高リスク取引等に該当する場合には，当該取引を行うに際して，当該取引の任にあたっている職員に当該取引を行うことについて統括管理者の承認を受けさせること

⑤　上記高リスク取引等について行った情報の収集，整理および分析を行ったときは，その結果を記載・記録した書面または電磁的記録を作成し，確認記録または取引記録等と共に保存すること

[実践] 受験用　実　践

⑥　取引時確認等の措置の的確な実施のために必要な能力を有する者を特定業務に従事する職員として採用するために必要な措置を講ずること

⑦　取引時確認等の措置の的確な実施のために必要な監査を実施すること

　したがって，(2)・(3)は適切であるが，顧客管理においてリスクベース・アプローチの考え方に反する(1)は適切でなく，これが本問の正解である。

　なお，上記の態勢整備措置について，犯罪収益移転防止法上は努力義務規定として規定されているが，内部管理態勢の整備に関しては，ガイドラインの策定に伴い，「中小・地域金融機関向けの総合的な監督指針Ⅱ－3－1－3」および「主要行等向けの総合的な監督指針Ⅲ－3－1－3」中の「組織犯罪等への対応」以下「(1)総論」において，「犯罪による収益の移転防止に関する法律（中略）に基づく取引時確認，取引記録等の保存，疑わしい取引の届出等の措置(犯収法第11条に定める取引時確認等の措置をいう。（中略）)に関する内部管理態勢を構築することが求められている」として，態勢整備構築の義務化が求められていることに留意が必要である。

〈正解：(1)〉

【問－61】 犯罪収益移転防止法および外為法等

> 犯罪収益移転防止法および外為法等に関する記述について，適切なものは次のうちどれですか。
>
> (1) 犯罪収益移転防止法は，FATF勧告に基づき，規制の対象者（特定事業者）を金融機関等のほか，多種多様な事業者に拡大しており，各事業者の疑わしい取引の届出先は警察庁とされている。
>
> (2) 外為法では，顧客と本邦から外国へ向けた支払に係る為替取引を行う場合，当該支払を他の特定事業者・外国所在為替取引業者に委託するときは，顧客に係る本人特定事項等を通知して行わなければならないとしている。
>
> (3) 財務省の金融機関等に対する外国為替検査では，本人確認義務等に関する外為法令の遵守状況のほか，両替業務についての犯罪収益移転防止法上の取引時確認，確認記録・取引記録等の作成義務等の履行状況が検査対象とされている。

解説＆正解　　　　　　　　　　　Check　☑ ☑ ☑

犯罪収益移転防止法は，FATF勧告に基づき，規制の対象者（犯罪収益移転防止法における「特定事業者」）について，金融機関等のほか，多種多様な事業者に拡大していることから，各事業者の所管行政庁が監督官庁であり，疑わしい取引の届出先になっている。したがって，(1)は適切でない。

外国為替取引に係る通知義務は，外為法ではなく，犯罪収益移転防止法10条に規定される義務である。外国為替取引を委託，または再委託等する場合，顧客の本人特定事項等を通知して行わなければならない旨を定めている。したがって，(2)は適切でない。

「外国為替取引等取扱業者のための外為法令等の遵守に関するガイドライン」（2024年4月1日適用）（第Ⅰ章2.「外為検査実施に当たっての基本的な

考え方」⑵両替業務における取引時確認等及び疑わしい取引の届出に関する犯収法令の遵守状況並びに特定為替取引等における本人確認義務等に関する外為法令の遵守状況」）では，外為法18条１項から３項まで，18条の３，22条の２等の規定に基づく本人確認義務および本人確認記録の作成義務等の履行状況に加え，両替業務については，犯収法４条１項から５項までの規定に基づく取引時確認等，同法６条の規定に基づく確認記録の作成義務等および同法７条の規定に基づく取引記録等の作成義務等の履行状況についての検査も併せて行うものとしている。したがって，⑶は適切であり，これが本問の正解である。

〈正解：⑶〉

[実践] 受験用

【問－62】 外為法上の本人確認および犯罪収益移転防止法上の取引時確認

> 　外為法上の本人確認および犯罪収益移転防止法上の取引時確認について，適切でないものは次のうちどれですか。
> (1)　外為法に基づく本人確認は，犯罪収益移転防止法の取引時確認とならんで，マネー・ローンダリング対策のための重要な制度であり，さらに資産凍結等経済制裁措置の実効性を確保する目的もある。
> (2)　外為法上の本人確認事項は，犯罪収益移転防止法の取引時確認事項と同様の内容である。
> (3)　外為法上の本人確認制度として，銀行等は顧客と特定為替取引を行う際には，本人確認を行わなければならない旨が規定されている。

解説＆正解

Check ☑ ☑ ☑

　外為法に基づく本人確認は，犯罪収益移転防止法に基づく取引時確認とならんで，マネー・ローンダリング対策のための重要な制度であり，さらに資産凍結等経済制裁措置の実効性を確保するという目的もある。したがって，(1)は適切である。

　外為法上の本人確認事項は，本人特定事項にとどまるが，犯罪収益移転防止法の取引時確認事項は，本人特定事項に加えて，①「取引を行う目的」，②職業又は事業の内容および③実質的支配者の本人特定事項の3項目（顧客管理事項）が必要であり，④高リスク取引の一部についての，取引時確認内容の再確認ならびに「資産及び収入の状況」の確認も行う必要がある。したがって，(2)は適切でなく，これが本問の正解である。

　外為法上の本人確認制度は，外為法18条（銀行等の本人確認義務等）において，「銀行等は，次の各号に掲げる顧客と本邦から外国へ向けた支払又は非居住者との間でする支払等（当該顧客が非居住者である場合を除く。）に

係る為替取引（政令で定める小規模の支払又は支払等に係るものを除く。以下「特定為替取引」という。）を行うに際しては，当該顧客について，運転免許証の提示を受ける方法その他の財務省令で定める方法による当該各号に定める事項（以下「本人特定事項」という。）の確認（以下「本人確認」という。）を行わなければならない」（同条1項柱書）と規定されている。したがって，(3)は適切である。

〈正解：(2)〉

One Point

犯罪収益移転防止法と外為法は，その法律の目的等が異なるため，適用対象の範囲や顧客の確認事項の規定に違いがあるが，金融機関等は，犯罪収益移転防止法上の取引時確認義務を履行すれば，外為法上の本人確認義務を履行したことになる。

【問－63】 外為法上の本人確認義務の対象

外為法上，本人確認義務の対象とされていない取引・行為について，適切でないものは次のうちどれですか。

(1) 10万円相当額以下の特定為替取引

(2) 200万円相当額以下の外貨両替取引

(3) 資本取引に係る契約の締結等の行為のうち，300万円相当額以下の現金，持参人払式小切手，自己宛小切手等により受払いをする行為

解説＆正解

Check ☑ ☑ ☑

外為法では，本人確認義務の対象とならない取引等の金額として下記を規定している。①10万円相当額以下の特定為替取引（外国為替令7条の2），②200万円相当額以下の外貨（外国通貨・旅行小切手）両替取引（外国為替令11条の6），③資本取引に係る契約の締結等の行為のうち，200万円相当額以下の現金，持参人払式小切手，自己宛小切手等により受払いをする行為（外国為替令11条の5第1項8号），④本人確認が必要な取引で本人確認済の顧客と行う取引。ただし，本人確認記録等に記録のある顧客等と同一性を示す書類の提示を受ける等により確認できる場合に限るとされている（外国為替令11条の5第1項・2項）。

したがって，(1)・(2)は適切であり，(3)は適切でなく，これが本問の正解である。

〈正解：(3)〉

One Point

外為法の規定は本問のとおりであるが，国外送金等調書法の本人確認義務では，金額の下限の設定はなく，現金扱いの送金等の場合，すべての取引において本人確認が必要となる。また，両替取引についても，「外国為替取引等取扱業者のための外為法令等の遵守に関するガイドライン」（2024年4月1日適用）において，取引時確認の対象外の取引に際しても，顧客の氏名または名称のほか，「顧客に関する情報」を収集するよう努めることとされ，特に10万円相当額を超える両替において上記の対応を行うよう努めるとされている。

【問−64】 顧客等が法人の場合の外為法上の本人確認と対応

顧客等が法人の場合における，外為法上の本人確認と対応について，適切でないものは次のうちどれですか。

(1) 法人の場合の本人特定事項は，名称および主たる事務所の所在地である。

(2) 本人特定事項の偽りの疑いがある場合，顧客が再度の本人確認に応じないときでも，外為法による取引の履行の謝絶はできない。

(3) 当該法人自体の本人確認に加えて，当該取引担当者や代理人である個人についても本人確認を行う。

解説&正解

Check ☑ ☑ ☑

法人の場合の外為法上の「本人特定事項」は，名称および主たる事務所の所在地である（外為法18条1項2号）。したがって，(1)は適切である。

法人の場合も，本人特定事項の偽りやなりすましの疑いがある場合等には再度の本人確認が必要となる。顧客が再度の本人確認に応じない場合には，外為法においても取引の履行を拒むこと（受付の謝絶）ができるとされている（外為法18条の2・22条の2第2項）。したがって，(2)は適切でなく，これが本問の正解である。

法人との取引の場合は，「取引の任にあたっている個人」（代表者等）を通じて行われるため，当該法人自体の本人確認に加えて，当該代表者等や代理人である個人についても，本人確認を行うこととされている（外為法18条2項）。したがって，(3)は適切である。

〈正解：(2)〉

【問－65】 コルレス契約先への対応等

犯罪収益移転防止法上，金融機関が外国所在為替取引業者等との間で
コルレス契約を締結する場合の対応に関する記述について，適切でない
ものは次のうちどれですか。

(1) 当該外国所在為替取引業者が，取引時確認等相当措置を適切に行う
ため，一定の基準に適合する体制を整備していることを確認しなけれ
ばならない。

(2) 当該外国所在為替取引業者が，外国当局等の監督を受けていない者
との間でコルレス契約を締結していないことを確認しなければならな
い。

(3) 当該外国所在為替取引業者の所在国の当局に対し照会し，FATFが
定める基準を当該外国所在為替取引業者が満たしているのかを確認し
なければならない。

解説＆正解

Check ☑ ☑ ☑

犯罪収益移転防止法は，コルレス契約時の厳格な確認義務を規定してい
る。

すなわち，コルレス先（銀行）が，次の2つの基準に適合するマネロン阻
止対策を講じるための体制整備をしているかを確認しなければならない。①
取引時確認等の事務管理に係る統括管理責任者を当該コルレス先の本支店に
配置していること，および取引時確認等の的確な実施を監督する当該コルレ
ス先所在国の管轄官庁の適切な監督を受けていること（犯罪収益移転防止法
9条1号，施行規則29条），②コルレス先のコルレス先が所在国の監督官庁
の監督を受けていること（監督官庁の監督を受けていない銀行等とコルレス
契約を締結していないこと）（犯罪収益移転防止法9条2号）。したがって，
(1)・(2)は適切である。

なお，取引時確認等相当措置とは，わが国の犯罪収益移転防止法に規定されている「取引時確認，確認記録および取引記録等の作成」などの金融機関に課せられている諸措置に相当する措置のことをいう。つまり，わが国の犯罪収益移転防止法の規定と同程度の取引等の確認をコルレス先が法的義務として実施しているか否かを確認する必要がある。

　また，コルレス先が，上記の2つの基準に適合するマネロン阻止対策を講じるための体制整備をしているかの確認や，いわゆる「シェル・バンク（実態のない架空の銀行）」でないこと等を確認する方法として，次の①または②のいずれかの方法によることと規定されている（施行規則28条）。①コルレス先から申告を受ける方法，②コルレス先もしくはコルレス先所在国の銀行監督庁のインターネット掲載のホームページから当該コルレス先に関する情報を閲覧して確認する方法。したがって，(3)は適切でなく，これが本問の正解である。

〈正解：(3)〉

【問－66】 外為法における適法性の確認義務

外為法における適法性の確認義務に関する記述について，適切なものは次のうちどれですか。

(1) 外為法における適法性の確認義務は，犯罪収益移転防止法上の疑わしい取引の届出と同様，一定の取引について金融機関の取引担当者が適法性のある取引か否かを判断して，確認・報告を行うものである。

(2) 金融機関は，一定の取引について，適法性の確認をした後でなければ，顧客と当該支払等に係る為替取引を行ってはならない。

(3) 物やサービスの移動を伴わない資本取引に関しては，適法性の確認義務はない。

解説＆正解

Check ☑ ☑ ☑

外為法17条は，銀行等に対し，顧客の支払等が経済制裁等にかかる規制対象でないかを確認する義務を課している（適法性の確認義務）。一定の属性にかかる送金依頼人・受取人に関する規制のほか，一定の属性にかかる地域・品目・活動にかかる送金目的に関する規制について，これに該当しないこと，また該当する場合には，許可・承認があること等の要件を確認した後でなければ，当該顧客と当該支払等に係る為替取引を行ってはならないとされており，犯罪収益移転防止法上の疑わしい取引の届出とは異なる。したがって，(1)は適切でなく，(2)は適切であり，これが本問の正解である。

預金契約など，物やサービスの移動を伴わない対外的な金融取引（資本取引。外為法20条）も，適法性の確認義務の対象であるとされている（外為法17条2号）。したがって，(3)は適切でない。

〈正解：(2)〉

128

【問－67】 仕向外国送金における適法性の確認

仕向外国送金における適法性の確認について，適切でないものは次のうちどれですか。

(1) 送金人および受取人の氏名・住所等を，資産凍結等経済制裁対象者リストにより検索し，制裁対象者との間の支払等でないことを確認しなければならない。

(2) 外為法に基づく許可・承認が必要となる取引・行為でないことを，資産凍結等経済制裁対象者リストにより確認しなければならない。

(3) 顧客の送金内容が，北朝鮮やイラン等に対する経済制裁措置に該当していないかを確認しなければならない。

解説＆正解   Check ☑☑☑

外為法に基づく適法性の確認に際して，送金受付時には，送金依頼人および受取人の氏名・住所等を，財務省が公表する「経済制裁措置及び対象者リスト」の内容に一致・類似しないかを情報システム等を用いて検索し，確認することが必要である。したがって，(1)は適切である。

また，外為法に基づく許可（支払等や資本取引に対する規制）・承認（貨物の輸出入についての規制）が必要となる取引・行為でないことを，「外国送金依頼書兼告知書」の許可等申告欄，送金目的，受取人，支払銀行等によって確認することが必要である。したがって，(2)は適切でなく，これが本問の正解である。

また，顧客の送金目的が北朝鮮やイラン等に対する経済制裁措置（貿易に関する支払規制，資金使途規制）に抵触していないかを，上記外国送金依頼書兼告知書等の情報把握により確認することも必要である。したがって，(3)は適切である。

〈正解：(2)〉

【問－68】 国外送金等に係る金融機関の報告・届出等義務

> 　国外送金等に係る金融機関の報告・届出等義務に関する記述について，適切でないものは次のうちどれですか。
>
> (1)　金融機関を通じて3,000万円相当額を超える額の国外送金を行った顧客は，外為法に基づき，金融機関を通じて，財務大臣に支払等の報告をしなければならない。
>
> (2)　一定の要件を満たした顧客等が100万円相当額を超える国外送金を行う場合，金融機関は，国外送金等調書法に基づき，国外送金等調書を税務署長に提出しなければならない。
>
> (3)　100万円相当額以下の国外送金の場合は，顧客の告知書に記載されている氏名，住所，個人番号等の記載が運転免許証などの公的な本人確認書類の記載と同一であることを確認する義務はない。

解説＆正解

Check　☑ ☑ ☑

　外為法は，対外取引の実態把握と国際収支統計作成の基礎資料とすることを目的として，財務大臣（事務委託：日本銀行）に対する，支払又は支払の受領に関する報告書（以下，「支払等報告書」）の提出を義務付けている（外為法55条）。

　報告の対象取引は，居住者が，非居住者または外国にいる居住者との間で行う貿易外取引（仲介貿易取引を含む）であり，①居住者が，本邦から外国へ向けた支払または外国から本邦へ向けた支払の受領をしたとき，②本邦または外国において，居住者が非居住者との間で支払等をしたとき，が対象となる。ただし，貨物の輸出入に伴う支払や，非居住者による，本邦から外国へ向けた支払および外国から本邦へ向けた支払の受領等は対象外である。また，1回の支払・受領金額が3,000万円相当額以下の場合は報告不要であり，3,000万円相当額超の場合に報告が義務付けられている。したがって，

(1)は適切である。

　なお，銀行等の業務からみれば，外国送金（仕向・被仕向），外国払小切手・クリーンビルの買取・取立，本邦にある非居住者預金口座への振込，または非居住者からの振込等が報告の対象となる。いずれの場合にも，支払等を行う居住者が作成してその取引を行った銀行等に提出をする。提出を受けた銀行等は，国際収支項目番号等を記入して日本銀行経由で財務大臣に宛て提出する（支払等が銀行等を経由しない場合は，居住者が直接日本銀行経由で財務大臣に宛て提出）。

　国外送金等調書法は，納税義務者の外国為替その他の対外取引および国外にある資産の国税当局による把握（「税金逃れ」の防止）のために制定された法律であり，「国外送金等調書」とは，同法により求められる報告書である。この国外送金等調書法の報告対象となる取引は，資金が日本と外国にまたがって移動する取引（クロスボーダー取引）であり，顧客が居住者・非居住者にこだわらない。すなわち，①国外送金（いわゆる"仕向外国送金"），②国外からの送金の受領（いわゆる"被仕向外国送金"と円建国内払送金小切手），③外国払いクリーンビルの買取・取立などが該当するが，輸出入貨物に係る荷為替手形に基づく取立・買取による貿易取引（ドキュメンタリー取引），外貨両替取引は対象外である。また，国外送金等をする者（居住者，非居住者を問わない）は，取引相手の金融機関に対して，氏名・名称，住所および個人番号または法人番号，送金目的（送金原因）などを記載した「告知書」の提出が義務付けられている（国外送金等調書法3条）。

　金融機関は，100万円相当額超の国外送金等については国外送金等調書を作成し，為替取引を行った日の属する月の翌月末までに所轄の税務署へ提出しなければならない（国外送金等調書法4条）。したがって，(2)は適切である。

　また，金融機関は，「告知書」の提出を受けた際に，顧客から個人番号カードや法人番号指定通知書など個人番号や法人番号がわかる書類に加え，運転免許証などの公的な本人確認書類の提示を受け，告知書に記載されている氏名，住所，個人番号等と同一であることを確認する義務があり（国外送

金等調書法3条），確認をした場合は，当該確認書類の名称を告知書に記載しなければならないとされている。なお，この確認義務には，犯罪収益移転防止法や外為法の規定等と異なり，下限金額の定めはない。したがって，(3)は適切でなく，これが本問の正解である。

〈正解：(3)〉

【問－69】外国為替取引等取扱業者のための外為法令等の遵守に関するガイドライン

> 外国為替取引等取扱業者のための外為法令等の遵守に関するガイドラインに関する記述について，適切でないものは次のうちどれですか。
> (1) 外為法や犯罪収益移転防止法に基づく外国為替検査の検査事項等について記載している。
> (2) 金融庁のガイドラインの別添資料であり，外国為替取引において，金融機関が金融庁のガイドラインに従った対応を行っているかの着眼点について記載している。
> (3) 経済制裁措置に関する外為法令の遵守状況に関する検査について記載している。

解説&正解

Check ☑ ☑ ☑

　2018年，財務省は従来の「外国為替検査マニュアル」を発展的に改組し，リスクベース・アプローチを踏まえた外為法令等の遵守を促進できるよう，必要な態勢整備等に関する具体的な検査項目を詳述した「外国為替検査ガイドライン」を策定した。2022年には，経済制裁措置の実効性を確保するため，外国為替取引等取扱業者（外為法55条の9の2第1項）に，外国為替取引等取扱業者遵守基準（同第1項）の遵守を求めることとする改正外為法が成立し，同基準により，経済制裁措置に係るリスクベースでの対応や態勢整備が外為法令に基づく義務として明示的に求められることとなった。これを受けて，「外国為替検査ガイドライン」について，同基準を含む外為法令等の遵守に関する考え方や解釈を示すとともに，外国為替検査を行う検査官の検査指針を示すものとして再整理し，「外国為替取引等取扱業者のための外為法令等の遵守に関するガイドライン」として公表した（2024年4月1日適用）。これにより，外国為替取引等取扱業者等による各種義務の遵守の確保

を図ることとしている。

　財務省は，外為法68条1項の規定および犯罪収益移転防止法16条1項の規定に基づき，金融機関等に課された外為法令および犯罪収益移転防止法令に係る諸義務の遵守状況を外国為替検査により確認し，これら規制の実効性を確保している。同ガイドラインでは，外国為替取引等取扱業者等が外為法令等を遵守するうえで求められる対応を整理している。外国為替取引等取扱業者等は，関係法令やガイドライン等の趣旨を踏まえた実質的な対応を行うことが求められる。検査事項は，下記の通りである。

① 　経済制裁措置に関する外為法令の遵守状況
② 　両替業務における取引時確認等及び疑わしい取引の届出に関する犯収法令の遵守状況並びに特定為替取引等における本人確認義務等に関する外為法令の遵守状況
③ 　外国為替取引に係る通知義務に関する犯収法令の遵守状況
　　　犯収法第10条の規定に基づく外国為替取引に係る通知義務の履行状況
④ 　特別国際金融取引勘定の経理等に関する外為法令の遵守状況
　　　外為法第21条第4項の規定に基づく命令の規定による特別国際金融取引勘定の経理等に関する事項の遵守状況（同法第67条第1項の規定に基づく承認に付す条件の遵守状況を含む。）
⑤ 　外為法第6章の2の規定に基づく報告義務の履行状況
⑥ 　①～⑤までに掲げる事項に関連する外為法令等の遵守状況
したがって，(1)・(3)は適切である。

　前記の通り，同ガイドラインは，財務省が実施する外国為替検査について，基本的な考え方等を示すとともに具体的な検査項目を記載したものであり，金融庁のガイドラインとはリスクベース・アプローチの考え方に基づく点で軌を一にするものの，その別添資料にあたるものではない。したがって，(2)は適切でなく，これが本問の正解である。

〈正解：(2)〉

【問-70】 外国為替取引等取扱業者のための外為法令等の遵守に関するガイドラインにおける経済制裁措置

　外国為替取引等取扱業者のための外為法令等の遵守に関するガイドラインにおける経済制裁措置に関する記述について，適切でないものは次のうちどれですか。

(1)　預金取引等に係る顧客の管理にあたっては，非居住者，外国人，外国人と判断できる氏名または名称を有する顧客については，あいまいさを排除するために仮名名によることはせず，必ずアルファベット名によって情報システム等に登録する必要がある。

(2)　制裁対象者のフィルタリングを適切に行うため，制裁対象者の氏名または名称，生年月日および住所または所在地等の情報を有するリストを整備し，制裁対象者に追加，情報改訂または削除があった場合には，直ちに当該リストを更新し，最新のものに保つ必要がある。

(3)　経済制裁措置に係る外為法令の規定に違反したことが検知された場合には，直ちに事実関係を財務省に報告する必要がある。

解説＆正解

Check ☑ ☑ ☑

　「外国為替取引等取扱業者のための外為法令等の遵守に関するガイドライン」は，経済制裁措置に関して，第Ⅱ章「4.リスク低減措置」において，以下のような点を規定している。

4 -(1)-②（制裁対象者リストの整備）

　フィルタリングを適切に行うため，制裁対象者の氏名又は名称，生年月日及び住所又は所在地等の情報を有するリスト（制裁対象者リスト）を整備し，制裁対象者に追加，情報改訂又は削除があった場合に，直ちに制裁対象者リストを更新し，最新のものに保つこと。財務省から配信される電子メール等の情報によりこうした対応の準備を開始すること（4 -(1)「確認義務の

履行のために求められる対応（資産凍結等の措置関係）」）。

4 -(3)-② （預金取引等に係る顧客の管理）

　本人確認書類を基に仮名名に加えてアルファベット名についても情報システム等に登録し、フィルタリングの対象とすること。少なくとも非居住者，外国人，外国人と判断できる氏名又は名称を有する顧客について，これを行うこと（4 -(3)「自らが行う支払等及び取引等の確認のために求められる対応（資産凍結等の措置）」。

4 -(5)-⑥ （経済制裁措置に違反した場合の対応）

　経済制裁措置に係る外為法令の規定に違反したことが検知された場合には，直ちに事実関係を財務省に報告するとともに，直ちに必要な応急的対応を行うこと。また，速やかに，当該不備の発生原因や同種の不備事項の発生の有無を検証するとともに，当該発生原因に対する改善・再発防止策を策定し，実行すること（4 -(5)「慎重な確認，その他のリスク低減措置」）。

　したがって，(2)・(3)は適切であり，(1)は適切でなく，これが本問の正解である。

　　　　　　　　　　　　　　　　　　　　　　　　　〈正解：(1)〉

【問—71】 外国送金等における各種規制

　外国送金等における各種規制に関する記述について，適切でないものは次のうちどれですか。

(1)　外国人（非居住者）が，日本の金融機関等に新たに口座開設等をする場合には，氏名・住所，居住地国等のほか当該居住地国における納税者番号を記載した届出書の提出が必要となる。

(2)　OECDが公表した，テロ資金等が疑われる金融口座情報を各国政府間で交換するための国際基準である「共通報告基準（CRS）」によれば，金融機関は自金融機関と取引のある外国人が保有する金融口座情報を，当該外国人の居住地国の警察当局に対して提供しなければならない。

(3)　米国の財務省外国資産管理局（OFAC）は，米国における外国企業等の所有する米国内資産に関する規制を統括しており，日本の金融機関においても，規制対象者が関与する米ドル建の送金取引等は，規制の対象となる。

解説＆正解

Check ☑ ☑ ☑

　日本の金融機関等に新規に口座開設等をする場合，口座開設等を行う者（その者が特定法人の場合は，その実質的支配者である個人を含む）が，金融機関等へ下記の内容を記載した届出書（新規届出書）の提出が必要となる。

・氏名，住所および生年月日（法人は名称，所在地）

・居住地国名（居住者として租税を課される国），居住地国が外国の場合にあっては当該居住地国における納税者番号　等

　なお居住地国に異動があった場合には，3ヵ月以内に異動届出書の提出が必要である。したがって，(1)は適切である。

OECD租税委員会では，外国の金融機関等を利用した国際的な租税回避や脱税行為を防止するため，非居住者の金融口座情報を各国間で定期的にまとめて交換する自動的情報交換のための国際的基準の制定に取り組み，2014年7月に自動的情報交換の共通報告基準を公表し，日本を含む100ヵ国以上の国・地域がその実施を約束した。そして，2017年1月より，この自動的情報交換制度が施行された（初回の情報交換は2018年）。なお，共通報告基準（Common Reporting Standard：CRS）とは，OECDが策定した情報交換に関する国際基準のことをいい，各国の税務当局は，自国に所在する金融機関等から非居住者が保有する金融口座情報の報告を受け，租税条約等の情報交換規定に基づき，その非居住者の居住地国の税務当局に対してその情報を提供するものである。したがって，⑵は適切でなく，これが本問の正解である。

　米国財務省の外国資産管理局（Office of Foreign Assets Control：OFAC）は，外国資産管理法に基づき米国の安全保障を脅かすとして指定された国，法人などをSDNリスト（Specially Designated Nationals and Blocked Persons List）として公表し，それらが保有する資産の凍結等の規制を行っている。わが国の「資産凍結等対象者リスト」と同様な規制であるが，米国独自の規制であり，わが国の規制リストの対象となっていない国や銀行も含まれている。米ドル建ての仕向送金や米国所在銀行，米銀の海外拠点経由の送金等については，この規制の対象となる取引（OFAC規制対象者に係る取引）でないことの確認が必要となる。したがって，⑶は適切である。

〈正解：⑵〉

【問－72】 ガイドラインにおける海外送金を行う上での留意点

> ガイドラインにおける海外送金を行う上での留意点に関する記述について，適切なものは次のうちどれですか。
>
> (1) 海外送金等の業務は，取引相手に対して自らの監視が及びにくいため，国内に影響がとどまる範囲内で，リスクの特定・評価・低減を的確に行う必要がある。
>
> (2) 送金人・受取人が自らの直接の顧客でない場合，制裁リスト等との照合のほか，コルレス先や委託元金融機関等と連携しながら，リスクに応じた厳格な顧客管理を行うことの検討が求められる。
>
> (3) 輸出入取引等にかかるリスクの特定・評価にあたっては，取引に係る国・地域のほか，取引商品，契約内容のリスクについて勘案が必要であるが，輸送経路や利用船舶，取引関係者のリスクは対象外である。

解説＆正解

Check ☑ ☑ ☑

　ガイドラインⅡ－2（4）「海外送金等を行う場合の留意点」の内容は，2021年2月の改正において，「（ⅰ）海外送金等」，「（ⅱ）輸出入取引等に係る資金の融通及び信用の供与等」に整理・拡充されている。

　まず，「（ⅰ）海外送金等」においては，「自ら又は他の金融機関等を通じて海外送金等を行う場合に，外為法をはじめとする海外送金等に係る国内外の法規制等に則り，関係国等の制裁リストとの照合等の必要な措置を講ずることは，もとより当然である」，とされており，「また，海外送金等の業務は，取引相手に対して自らの監視が及びにくいなど，国内に影響範囲がとどまる業務とは異なるリスクに直面していることに特に留意が必要である。金融機関等においては，こうしたリスクの相違のほか，外国当局の動向や国際的な議論にも配慮した上で，リスクの特定・評価・低減を的確に行う必要が

ある」，とされている。したがって，国内に影響がとどまる範囲内で，リスクの特定・評価・低減を行う必要があるとする(1)は適切でない。

さらに，「送金人及び受取人が自らの直接の顧客でない場合であっても，制裁リスト等との照合のみならず，コルレス先や委託元金融機関等と連携しながら，リスクに応じた厳格な顧客管理を行うことを必要に応じて検討すること」，とされている（【対応が求められる事項】⑧）。したがって，(2)は適切であり，これが本問の正解である。

「(ⅱ) 輸出入取引等に係る資金の融通及び信用の供与等」においては，「輸出入取引等に係る資金の融通及び信用の供与等に係るリスクの特定・評価に当たっては，輸出入取引に係る国・地域のリスクのみならず，取引等の対象となる商品，契約内容，輸送経路，利用する船舶等，取引関係者等（実質的支配者を含む）のリスクも勘案すること」，とされている（【対応が求められる事項】①）。したがって，(3)は適切でない。

〈正解：(2)〉

【問－73】　海外送金におけるＳＷＩＦＴ

　海外送金におけるスイフト（ＳＷＩＦＴ）に関する記述について，適切でないものは次のうちどれですか。

(1)　スイフトを介して確認または決済の指示が行われる取引のうち一定のものは，その危険度は低いと認められ，簡素な顧客管理を行うことが許容されている。

(2)　顧客からの送金を受け付けた仕向金融機関が，スイフト電文の作成かつ発信を中継金融機関に依頼する場合は，中継金融機関が誤った事項を通知しないよう正確な通知事項を示し，中継金融機関においては，スイフト電文の作成に際し，正確な電文を作成するための連携を仕向金融機関ととる必要がある。

(3)　仕向送金におけるスイフト等の電文に付記すべき事項は国際規則によって統一されており，犯罪収益移転防止法においても，個人・法人いずれの場合も，送金依頼人の取引時確認事項と同様の内容を付記することになっている。

解説＆正解

Check　☑ ☑ ☑

　金融機関等の特定取引のうち，スイフト（※）を介して確認または決済の指示が行われる一定の取引は，危険度を低下させる要因を有する取引に該当することからその危険度は低いと認められ，簡素な顧客管理を行うことが許容されている（施行規則４条１項９号）。したがって，(1)は適切である。

　（※）スイフト（ＳＷＩＦＴ）は，銀行間の国際金融取引に係る事務処理の機械化，合理化および自動処理化を推進するため，参加銀行間の国際金融取引に関するメッセージをコンピュータと通信回線を利用して伝送するネットワークシステム。

　顧客からの送金を受け付けた特定事業者（仕向金融機関）がスイフト電文の作成かつ発信を他の特定事業者（中継金融機関）に依頼する場合，当該依

頼を受けた中継金融機関が誤った事項を通知しないよう，仕向金融機関は中継金融機関に対して正確な通知事項を示さなければならない。また，中継金融機関にはスイフト電文の作成に際して，仕向金融機関との間で正確な電文を作成するための連携が求められる（「外国為替取引等取扱業者のための外為法令等の遵守に関するガイドライン」第Ⅳ章「銀行等又は資金移動業者による通知義務に関する事項」）。

したがって，顧客からの送金を受け付けた仕向金融機関が，スイフト電文の作成かつ発信を中継金融機関に依頼する場合は，中継金融機関が誤った事項を通知しないよう正確な通知事項を示し，中継金融機関においては，スイフト電文の作成に際し，正確な電文を作成するための連携を仕向金融機関ととる必要があるので，(2)は適切である。

仕向送金のスイフト等の電文に付記すべき事項は，個人については，送金依頼人の氏名，住居等，口座番号または取引参照番号であり，法人については，送金依頼人の名称，本店または主たる事務所の所在地等，口座番号または取引参照番号である（犯罪収益移転防止法10条1項，施行規則31条）。したがって，(3)は適切でなく，これが本問の正解である。

なお，「取引参照番号」とは，個人・法人ともに，送金代り金の振替口座がある場合は当該引落口座番号であり，現金扱いの場合は取引参照番号（送金取扱番号等の当該送金を特定し得る記号番号）である。

〈正解：(3)〉

【問-74】 ガイドラインにより海外拠点等を有する金融機関等グループに求められる事項

ガイドライン上，海外拠点等を有する金融機関等グループに対して，「対応が求められる事項」とされている記述について，適切でないものは次のうちどれですか。

(1) 各海外拠点等に適用されるマネロン・テロ資金供与対策に係る法規制等を遵守するほか，各海外拠点等に内在するリスクの特定・評価を行い，可視化したうえで，リスクに見合う人員配置を行うなどの方法により適切なグループ全体での低減措置を講ずることが求められる。

(2) 各海外拠点等の属する国・地域の法規制等が，わが国よりも厳格でない場合には，当該海外拠点等も含め，わが国金融機関等グループ全体の方針・手続・計画等を整合的な形で適用・実施し，これが当該国・地域の法令等により許容されない場合には，わが国の当局に情報提供を行うことが求められる。

(3) グループ全体で一元化したシステムを採用し，海外拠点等が日々の業務で知り得た顧客情報や取引情報を日次で更新することにより，グループ全体における海外拠点等への監視の適時性を高める態勢を整備することが求められる。

解説&正解

Check ☑ ☑ ☑

ガイドラインⅢ-4「グループベースの管理態勢」では，「金融機関等がグループを形成している場合には，グループ全体としてのマネロン・テロ資金供与対策に係る方針・手続・計画等を策定し，グループ全体に整合的な形で，必要に応じ傘下事業者等の業態等による違いも踏まえながら，これを実施することが重要である。

特に，海外拠点等を有する金融機関等グループにおいては，当該拠点等が

属する国・地域と我が国における地理的・政治的その他の環境等が異なるため，実効的なマネロン・テロ資金供与対策を講ずるには，こうした違いを踏まえつつ，グループとして一貫性のある態勢を整備することが必要となる。また，我が国と当該国・地域との間で，法規制等において求められるマネロン・テロ資金供与対策が異なることや，情報保護法制等の違いからマネロン・テロ資金供与対策に必要な情報共有等が困難となること等も考えられる」，とされ，「対応が求められる事項」（③・⑤）として，下記が規定されている（抜粋）。

③ 海外拠点等を有する金融機関等グループにおいては，各海外拠点等に適用されるマネロン・テロ資金供与対策に係る法規制等を遵守するほか，各海外拠点等に内在するリスクの特定・評価を行い，可視化した上で，リスクに見合う人員配置を行うなどの方法により適切なグループ全体での低減措置を講ずること

⑤ 海外拠点等を有する金融機関等グループにおいて，各海外拠点等の属する国・地域の法規制等が，我が国よりも厳格でない場合には，当該海外拠点等も含め，我が国金融機関等グループ全体の方針・手続・計画等を整合的な形で適用・実施し，これが当該国・地域の法令等により許容されない場合には，我が国の当局に情報提供を行うこと（注）

（注）当該国・地域の法規制等が我が国よりも厳格である場合に，当該海外拠点等が当該国・地域の法規制等を遵守することは，もとより当然である。

したがって，(1)・(2)は適切である。

これに対し，グループベースの情報共有について，グループ全体で一元化したシステムを採用し，海外拠点等が日々の業務で知り得た顧客情報や取引情報を日次で更新するほか，当該更新情報を本部と各拠点で同時に共有・利用することにより，本部による海外拠点等への監視の適時性を高めている事例については，「先進的な取組み事例」としてガイドラインに記載されており，(3)は適切でなく，これが本問の正解である。

〈正解：(3)〉

【問－75】疑わしい取引の参考事例（外国との取引に着目した事例）

金融庁「疑わしい取引の参考事例（預金取扱い金融機関）」における「外国との取引に着目した事例」に関する記述について，適切なものは次のうちどれですか。

(1) 他国のほか，本邦内非居住者への送金にあたり，虚偽の疑いがある情報または不明瞭な情報を提供する顧客に係る取引は，疑わしい取引の届出の対象となり得る。

(2) 旅行小切手または送金小切手（外貨建てを含む）を頻繁に作成・使用する取引は，200万円以上の旅行小切手・送金小切手の作成・使用に係る取引に限り，疑わしい取引の届出の対象となり得る。

(3) 資金洗浄・テロ資金供与対策に非協力的な国・地域または不正薬物の仕出国・地域に拠点を置く者から紹介されたにとどまる顧客に係る取引は，疑わしい取引の届出の対象とはならない。

解説＆正解

Check ☑ ☑ ☑

金融庁の「疑わしい取引の参考事例（預金取扱い金融機関）」における「第6 外国との取引に着目した事例」は，以下のとおりである。

(1) 他国（本邦内非居住者を含む。以下同じ。）への送金にあたり，虚偽の疑いがある情報又は不明瞭な情報を提供する顧客に係る取引。特に，送金先，送金目的，送金原資等について合理的な理由があると認められない情報を提供する顧客に係る取引。

(2) 短期間のうちに頻繁に行われる他国への送金で，送金総額が多額にわたる取引。

(3) 経済合理性のない目的のために他国へ多額の送金を行う取引。

(4) 経済合理性のない多額の送金を他国から受ける取引。

(5) 多額の旅行小切手又は送金小切手（外貨建てを含む。）を頻繁に作成又は使用する取引。

(6) 多額の信用状の発行に係る取引。特に，輸出（生産）国，輸入数量，輸入価格等について合理的な理由があると認められない情報を提供する顧客に係る取引。

(7) 資金洗浄・テロ資金供与対策に非協力的な国・地域又は不正薬物の仕出国・地域に拠点を置く顧客が行う取引。

(8) 資金洗浄・テロ資金供与対策に非協力的な国・地域又は不正薬物の仕出国・地域に拠点を置く者（法人を含む。）との間で顧客が行う取引。

(9) 資金洗浄・テロ資金供与対策に非協力的な国・地域又は不正薬物の仕出国・地域に拠点を置く者（法人を含む。）から紹介された顧客に係る取引。

(10) 輸出先の国の技術水準に適合しない製品の輸出が疑われる取引。

(11) 貿易書類や取引電文上の氏名，法人名，住所，最終目的地等情報が矛盾した取引。

(12) 小規模な会社が，事業内容等に照らし，不自然な技術的専門性の高い製品等を輸出する取引。

(13) 貿易書類上の商品名等の記載内容が具体的でない取引。

(14) 人身取引リスクの高い国・地域に対し，親族と思われる者へ繰り返し少額の送金を行っている取引。

多額の旅行小切手または送金小切手（外貨建てを含む。）を頻繁に作成・使用する取引は，上記の参考事例(5)に該当するが，取引金額の敷居値として，200万円以上の旅行小切手・送金小切手の作成・使用に係る取引に限り疑わしい取引の届出の対象となり得るとする(2)は適切でない。

また，資金洗浄・テロ資金供与対策に非協力的な国・地域または不正薬物の仕出国・地域に拠点を置く者から紹介された顧客に係る取引は，上記の参考事例(9)に該当し，(3)は適切でない。

以上に対し，(1)の記載は，上記の参考事例(1)に該当し，疑わしい取引の届出の対象となり得るといえるため適切であり，これが本問の正解である。

〈正解：(1)〉

【問－76】 外国通貨又は旅行小切手の売買に係る疑わしい取引の参考事例

「外国通貨又は旅行小切手の売買に係る疑わしい取引の参考事例」に関する記述について，適切でないものは次のうちどれですか。

(1) 合理的な理由のない遠隔地の空港や港等を利用する両替取引のような，当該店舗で両替取引を行うことについて明らかな理由がない顧客に係る取引については，疑わしい取引に該当するとされている。

(2) 名義・住所共に異なる顧客による取引にもかかわらず，同一のIPアドレスからアクセスされている取引，およびIPアドレスの追跡を困難にした取引は，疑わしい取引に該当するとされている。

(3) 犯罪収益移転防止対策室その他の公的機関など，外部から犯罪収益に関係している可能性があるとして照会や通報があった人物等に係る取引というだけでは，疑わしい取引に該当しないとされている。

解説＆正解

Check ☑ ☑ ☑

「外国通貨又は旅行小切手の売買に係る疑わしい取引の参考事例」は，【問－69】で解説した財務省「外国為替検査ガイドライン」の第3章「参考資料」中に記載されていたところ，2019年9月の外国為替検査ガイドラインの一部改正に伴い，最新の事例を取り入れた上で（同年10月1日に一部改定が公表），別途，財務省ホームページに掲載されている。

その内容としては，①全般的な注意のほか，②取引金額，③取引頻度，④真の取引者の隠匿，⑤取引時確認への対応，⑥偽造通貨等，⑦その他，の項目について疑わしい取引の参考事例が列挙されたものである。

当該店舗で両替取引を行うことについて明らかな理由がない顧客に係る取引（合理的な理由のない遠隔地の空港，港等を利用する両替取引など）は，前記⑦にあたる参考事例として記載されている。したがって，(1)は適切であ

る。

2019年10月の本参考事例の改定において,「真の取引者の隠匿」に追加された事例として,以下のものがある。

・合理的な理由もなく,住所と異なる連絡先に外貨の宅配を希望する顧客との取引
・名義・住所共に異なる顧客による取引にもかかわらず,同一のIPアドレスからアクセスされている取引
・IPアドレスの追跡を困難にした取引
・取引時確認で取得した住所と操作している電子計算機のIPアドレス等とが異なる顧客との取引
・同一の携帯電話番号が複数の顧客の連絡先として申告されている場合

したがって,⑵は適切である。

また,犯罪収益移転防止対策室その他の公的機関など外部から,犯罪収益に関係している可能性があるとして照会や通報があった人物等に係る取引は,前記⑦にあたる参考事例として記載されている。したがって,⑶は適切でなく,これが本問の正解である。

〈正解：⑶〉

One Point
●外国PEPsに関する事例の追加
　本参考事例の一部改定では,⑦その他の項目に下記の外国PEPsに関する事例が追加されている。
・両替取引を行う目的等について合理的な理由があると認められない外国PEPsとの取引
・財産や取引の原資について合理的な理由があると認められない外国PEPsとの取引
・腐敗度が高いとされている国・地域の外国PEPsとの取引
・国連腐敗防止条約やOECD外国公務員贈賄防止条約等の腐敗防止に係る国際条約に署名・批准していない国・地域又は腐敗防止に係る国際条約に基づく活動に非協力的な国・地域に拠点を置く外国PEPsとの取引
※改定の詳細は（https://www.mof.go.jp/international_policy/gaitame_kawase/inspection/g_011001.htm）を参照のこと。

【問－77】 ガイドラインにおける疑わしい取引の届出

　ガイドラインにおける疑わしい取引の届出に関する記述として，適切でないものは次のうちどれですか。

(1) 疑わしい取引の届出は，犯罪収益移転防止法上の義務であり，金融機関等が，届出等の義務を果たすことは当然とされている。

(2) 届出の状況等をほかの指標等と併せて分析すること等により，金融機関自らのマネー・ローンダリングおよびテロ資金供与リスク管理態勢の強化に有効に活用することができるとされている。

(3) 疑わしい取引の届出の該当性の確認，判断，分析等はマネロン等対策におけるリスク低減措置を行った後のプロセスであり，顧客管理に用いることはできない。

解説＆正解

Check ☑☑☑

　ガイドラインⅡ－2（3）（ⅴ）「疑わしい取引の届出」によれば，疑わしい取引の届出は，犯罪収益移転防止法に定める法律上の義務であり，金融機関等が，同法に則って届出等の義務を果たすことは当然であるとされており，また，当該金融機関等にとっても，疑わしい取引の届出の状況等をほかの指標等と併せて分析すること等により，自らのマネー・ローンダリングおよびテロ資金供与リスク管理態勢の強化に有効に活用することができる，とされている。したがって，(1)・(2)は適切である。

　顧客管理の一連の流れにおいては，個々の顧客に着目した手法に，取引状況の分析・異常取引の検知等の個々の取引に着目した手法を組み合わせて実施していくことが有効とされており，ガイドラインⅡ－2（3）（ⅱ）「顧客管理」の「対応が求められる事項⑩」では，「(ⅴ) 疑わしい取引の届出」における【対応が求められる事項】のほか，以下を含む，継続的な顧客管理を実施すること」が示されている。したがって，(3)は適切でなく，これが本問の正解である。

〈正解：(3)〉

【問-78】 疑わしい取引の届出に関してガイドラインにおいて対応が求められる事項

　ガイドラインにおいて疑わしい取引の届出に関して「対応が求められる事項」として，適切でないものは次のうちどれですか。

(1)　金融機関等の業務内容に応じて，ITシステムや，マニュアル等も活用しながら，疑わしい顧客や取引等を検知・監視・分析する態勢を構築することが求められている。

(2)　疑わしい取引に該当するかどうかは，取引にかかる顧客が行っている事業も考慮することが求められている。

(3)　疑わしい取引に該当すると判断した場合には，疑わしい取引に該当すると判断してから，1ヵ月程度以内に届出を行う態勢を構築することが求められている。

解説＆正解

Check ☑ ☑ ☑

　ガイドラインⅡ-2（3）（ⅴ）「疑わしい取引の届出」では，「対応が求められる事項」として，下記の7項目を挙げている。

① 顧客の属性，取引時の状況その他金融機関等の保有している具体的な情報を総合的に勘案した上で，疑わしい取引の該当性について適切な検討・判断が行われる態勢を整備し，法律に基づく義務を履行するほか，届出の状況等を自らのリスク管理態勢の強化にも必要に応じ活用すること

② 金融機関等の業務内容に応じて，ITシステムや，マニュアル等も活用しながら，疑わしい顧客や取引等を的確に検知・監視・分析する態勢を構築すること

③ 疑わしい取引の該当性について，国によるリスク評価の結果のほか，疑わしい取引の参考事例，自らの過去の疑わしい取引の届出事例等も踏まえつつ，外国PEPs該当性，顧客属性，当該顧客が行っている事業，顧客属

性・事業に照らした取引金額・回数等の取引態様，取引に係る国・地域その他の事情を考慮すること

④　既存顧客との継続取引や一見取引等の取引区分に応じて，疑わしい取引の該当性の確認・判断を適切に行うこと

⑤　疑わしい取引に該当すると判断した場合には，疑わしい取引の届出を直ちに行う態勢を構築すること

⑥　実際に疑わしい取引の届出を行った取引についてリスク低減措置の実効性を検証し，必要に応じて同種の類型に適用される低減措置を見直すこと

⑦　疑わしい取引の届出を契機にリスクが高いと判断した顧客について，顧客リスク評価を見直すとともに，当該リスク評価に見合った低減措置を適切に実施すること

(1)は上記②に，(2)は上記③にそれぞれ該当し，適切である。

(3)について，⑤の「届出を直ちに行う態勢」の「直ちに」とは，具体的に以下のようなことが求められている(FAQ)。

「疑わしい取引の届出は，ある取引について実際に疑わしい取引に該当すると判断した場合には，即座に行われることが望ましいものと考えます。

例えば，疑わしい取引に該当すると判断した取引について，1か月に1回決まった日にまとめて届出を行うといった対応は，適切ではないものと考えます。

したがって，「直ちに行う態勢を構築」しているといえるためには，ある取引について疑わしい取引に該当するものと判断した後，即座に届出を行う手続を開始する態勢を構築することが求められます。

なお，ある取引について，疑わしい取引に該当すると判断する前段階において，取引モニタリングで検知されるなどの疑わしい取引に該当することが疑われる場合に，どの程度の期間で検証・届出をすべきかについては，取引の複雑性等に応じて必要な調査期間も踏まえつつ，個別取引ごとに判断されることになりますが，疑わしい取引の検知から届出まで1か月以内で実施できることが望ましいものと考えます。」

したがって，(3)は適切でなく，これが本問の正解である。　　〈正解：(3)〉

【問－79】 ガイドラインに基づくリスクベース・アプローチにおける取引モニタリング・フィルタリング

ガイドラインに基づくリスクベース・アプローチにおける取引モニタリング・フィルタリングに関する記述について，適切なものは次のうちどれですか。

(1) 取引モニタリング・フィルタリングとは，個々の顧客属性に着目し，金融機関等における取引状況の分析，異常取引や制裁対象取引の検知等を通じてリスクを低減させる手法のことをいう。

(2) 取引モニタリングにおいては，いったん設定したシナリオ・敷居値等の抽出基準について，検知結果や疑わしい取引の届出状況等をふまえ改善を図ることが求められる。

(3) 取引フィルタリングについては，取引の内容について照合対象となる制裁リストが最新となっているかや制裁対象の検知基準がリスクに応じ適切な設定となっているかを検証し的確な運用を図るほか，特に国外の法規制に着目した法規制等の遵守が求められる。

解説&正解

Check ☑ ☑ ☑

ガイドラインⅡ－2（3）（ⅲ）「取引モニタリング・フィルタリング」によれば，取引モニタリング・フィルタリングとは，リスク低減措置の実効性を確保する手段のひとつであり，取引そのものに着目し，金融機関等における取引状況の分析，異常取引や制裁対象取引の検知等を通じてリスクを低減させる手法であるとされている。したがって，⑴は適切でない。

ガイドラインの取引モニタリング・フィルタリングの「対応が求められる事項」については，2021年2月のガイドライン改正において，従前「ITシステムの活用」に記載されていた事項が整理され，取引フィルタリングについては，その内容が拡充されるなど，次のとおり具体的に記されている。

① 疑わしい取引の届出につながる取引等について，リスクに応じて検知するため，以下を含む，取引モニタリングに関する適切な体制を構築し，整備すること

イ．自らのリスク評価を反映したシナリオ・敷居値等の抽出基準を設定すること

ロ．上記イの基準に基づく検知結果や疑わしい取引の届出状況等を踏まえ，届出をした取引の特徴（業種・地域等）や現行の抽出基準（シナリオ・敷居値等）の有効性を分析し，シナリオ・敷居値等の抽出基準について改善を図ること

② 制裁対象取引について，リスクに応じて検知するため，以下を含む，取引フィルタリングに関する適切な体制を構築し，整備すること

イ．取引の内容（送金先，取引関係者（その実質的支配者を含む），輸出入品目等）について照合対象となる制裁リストが最新のものとなっているか，及び制裁対象の検知基準がリスクに応じた適切な設定となっているかを検証するなど，的確な運用を図ること

ロ．国際連合安全保障理事会決議等で経済制裁対象者等が指定された際には，遅滞なく照合するなど，国内外の制裁に係る法規制等の遵守その他リスクに応じた必要な措置を講ずること

したがって，(2)は適切であり，これが本問の正解である。

(3)については，特に国外の法規制に着目した法規制等の遵守が求められるとしている点で適切でない。

〈正解：(2)〉

【問−80】 ガイドラインに基づくリスクベース・アプローチにおけるITシステムの活用・データ管理（データ・ガバナンス）

　ガイドラインに基づくリスクベース・アプローチにおけるITシステムの活用やデータ管理（データ・ガバナンス）に関する記述について，**適切でないもの**は次のうちどれですか。

(1)　ITシステムの的確な運用により，大量の取引の中から，異常な取引を自動的かつ迅速に検知することや，その前提となるシナリオや敷居値をリスクに応じて柔軟に設定，変更等することが可能となるなど，リスク管理の改善が図られる可能性がある。

(2)　ITシステムの導入および導入後の運用にあたっては，その設計・運用等が，マネロン・テロ資金供与リスクの動向に対応し，自らのリスク管理に見合ったものとなっているかを事前に検証すれば足りるとされている。

(3)　ITシステムの有効性等は，当該ITシステムにおいて用いられる顧客情報，確認記録・取引記録等のデータの正確性があってはじめて担保されるため，金融機関等においては，ITシステムを有効に活用する前提として，データを正確に把握・蓄積し，分析可能な形で整理するなど，データの適切な管理が求められる。

解説＆正解　　　　　　　　　　　Check　☑ ☑ ☑

　ガイドラインⅡ−2（3）（ⅵ）「ITシステムの活用」によれば，「ITシステムの的確な運用により，大量の取引の中から，異常な取引を自動的かつ迅速に検知することや，その前提となるシナリオや敷居値をリスクに応じて柔軟に設定，変更等することが可能となるなど，リスク管理の改善が図られる可能性がある」，とされている。また，「ITシステムを的確にマネロン・テロ資金供与対策に活用するには，例えば，前記シナリオ・敷居値等が自らが

直面するリスクに見合ったものとなっているか，送金先や輸出入品目等についての制裁リストが最新かなどのシステムの運用面も含めてITシステムを適切に構築し，また，その有効性について検証を行っていき，適時に更新していくことが重要である」，とされている。したがって，(1)は適切である。

ITシステムの活用における「対応が求められる事項」として，自らの業務規模・特性等に応じたITシステムの早期導入の必要性を検討し，システム対応については，経営陣はマネロン・テロ資金供与のリスク管理に係る業務負担を分析し，より効率的効果的かつ迅速に行うためにITシステムの活用の可能性を検討することや，ITシステムの導入にあたっては，その設計・運用等が，マネロン・テロ資金供与リスクの動向に的確に対応し，自らが行うリスク管理に見合ったものとなっているか検証するとともに，導入後も定期的に検証し，検証結果を踏まえて必要に応じ改善を図ること等の実施が挙げられている。したがって，(2)は適切でなく，これが本問の正解である。

ガイドラインⅡ－2（3）(vii)「データ管理（データ・ガバナンス）」によれば，「ITシステムの有効性等は，当該ITシステムにおいて用いられる顧客情報，確認記録・取引記録等のデータの正確性があってはじめて担保される。金融機関等においては，確認記録・取引記録等について正確に記録するほか，ITシステムを有効に活用する前提として，データを正確に把握・蓄積し，分析可能な形で整理するなど，データの適切な管理が求められる」，とされている。したがって，(3)は適切である。

〈正解：(2)〉

巻末資料
過去問題・解答

金融 AML オフィサー［基本］（2024 年 3 月 3 日実施）
金融 AML オフィサー［実践］（2024 年 3 月 3 日実施）

【金融ＡＭＬオフィサー［基本］】

────────────────────────────────────(2024年3月3日実施)

〔問－1〕 **マネロン等に関して，適切でない記述は次のうちどれですか。**
(1) マネー・ローンダリングとは，犯罪によって得た収益の出所や真の所有者を分からないようにして，捜査機関による収益の発見や検挙を逃れようとする行為をいう。
(2) テロ資金供与とは，テロ行為の実行資金やテロ組織の活動資金等のために，資金等を調達・移動・保管・使用する行為をいう。
(3) マネー・ローンダリングとテロ資金供与では，送金先に関して注意を要する国・地域に相違はない。

〔問－2〕 **マネロン等に関して，適切でない記述は次のうちどれですか。**
(1) 麻薬密売人が，麻薬密売代金を他人名義で開設した金融機関の口座に隠匿する行為は，マネー・ローンダリングに当たる。
(2) 金融機関は，犯罪収益移転防止法上の「特定事業者」に該当するほか，外為法上の「銀行等」に該当するものとして同法上の規制を遵守しなければならない。
(3) 著作権法違反により得た収益を金融商品の購入に充てる行為は，マネー・ローンダリングに当たらない。

〔問－3〕 **マネロン等対策を講じない場合のリスクに関して，適切な記述は次のうちどれですか。**
(1) マネロン等のリスクの高い国と認定・公表された場合，海外金融当局が当該国の金融機関や個別の外国送金の監視を強化し，その結果，当該国の輸出入決済の手続きの遅延や経済活動全般に支障が生じる可能性がある。
(2) 現在の日本の金融システムにおいては，犯罪収益が金融システムを通じて経済活動の中に投入され，膨大な合法的資金や取引の中に紛れてしまったとしても，その中から犯罪収益を容易に特定し追跡することができる。
(3) リスクに応じた実効的な低減措置を行っていない金融機関は，マネロン・テロ資金供与に悪用される危険度が高まるが，その危険は個別金融機関の問題に留まる。

〔問－4〕 **FATFによるマネロン等対策に関する勧告等に関して，適切でない記述は次のうちどれですか。**

(1) 1990年，マネー・ローンダリング対策のために各国が金融分野において講じるべき法規制上の措置等として「40の勧告」を策定した。

(2) 相互審査では，FATFが策定した勧告と有効性基準に基づいて，加盟国が相互にマネロン等対策の政策を審査している。

(3) 相互審査の結果，「通常フォローアップ」または「重点フォローアップ」の対象となった国・地域は，改善すべきと指摘された事項につき改善する必要があるが，その進捗のFATFへの報告は求められていない。

〔問－5〕 **FATFに関して，適切でない記述は次のうちどれですか。**

(1) マネロン・テロ資金供与対策に関する国際基準（FATF勧告）の策定および見直しや，マネロン・テロ資金供与の手口および傾向に関する研究を行っている。

(2) 非参加国・地域に対して，FATF勧告遵守の推奨を行っている。

(3) 1989年のアルシュ・サミットで，先進主要国を中心として設立された，国際連合の一組織である。

〔問－6〕 **FATF第4次対日相互審査報告書に関して，適切でない記述は次のうちどれですか。**

(1) マネー・ローンダリング罪の法定刑の上限の引上げや没収可能な財産の範囲等の不備について指摘された。

(2) リスクのあるNPOのテロ資金供与対策のためのターゲットを絞ったアウトリーチが行われておらず，日本のNPOは，テロ資金供与の活動に巻き込まれる危険性があると指摘された。

(3) 日本の対策を一層向上させるためには，法人等の悪用防止，捜査・訴追などに優先的に取り組むべきとされたが，金融機関に対する監督・検査は十分に機能していることから取組優先事項とはされていない。

〔問－7〕 FATF第4次対日相互審査報告書の公表を契機とした政府の対応として，適切でない記述は次のうちどれですか。
(1) 政府一体となってマネロン等対策に取り組むため，金融庁を議長とする「マネロン・テロ資金供与・拡散金融対策政策会議」を設置した。
(2) 「マネロン・テロ資金供与・拡散金融対策政策会議」は，マネロン等対策に関する国の政策および活動を企画・立案し，それらの総合的な推進を図るとともに，関係行政機関の緊密な連携を確保することを目的としている。
(3) 政府は，内閣官房にFATF勧告関係法整備検討室を設置し，関係する4省庁の6法の改正案をまとめた，いわゆる「FATF勧告対応法」案が国会に提出され，2022年に公布された。

〔問－8〕 「マネー・ローンダリング・テロ資金供与・拡散金融対策の現状と課題（2023年6月）」に関して，適切でない記述は次のうちどれですか。
(1) 多くの金融機関において，態勢高度化に向けた取組みに着手しているが，営業現場も含め態勢整備には不適切・不十分な事項が多く，進捗は認められない。
(2) 特殊詐欺が多発していることを踏まえ，金融機関において，特殊詐欺が発生したまたは発生が疑われる口座・取引について，調査の上，速やかに疑わしい取引の届出の検討を行い，必要に応じて警察へ通報することが推進されている。
(3) 継続的な顧客管理にあたって，全顧客のリスク評価を実施し，情報が不足している顧客に対してはアンケート等の郵便物を送付するなどの対応を行っている金融機関が多いが，顧客から返信が得られないなど，取組状況に遅れが出ている金融機関も認められる。

〔問－9〕 ガイドラインに関して，適切でない記述は次のうちどれですか。
(1) 金融機関におけるフォワード・ルッキングな対応を促す観点から，過去のモニタリングや海外の金融機関において確認された優良事例を，他の金融機関がベスト・プラクティスを目指すにあたって参考となる「先進的な取組み事例」として掲げている。
(2) 規模が小さいまたは取引範囲が限定的な金融機関に関しては，その態勢構築に資する当局との連携のあり方については，記載していない。
(3) マネー・ローンダリングとテロ資金供与には，取引の目的，規模・金額等が異なる場合があるなどの違いがあるが，金融システムの健全性を維持するために必要な基本的方策のあり方は同じである。

〔問－10〕　ガイドラインにおける管理態勢とその有効性の検証・見直しに関して，「対応が求められる事項」に該当するものは次のうちどれですか。

(1)　リスク低減措置を講じてもなお残存するリスクを評価し，取扱いの有無を含めたリスク低減措置の改善や更なる措置の実施の必要性を検討すること

(2)　マネロン・テロ資金供与対策を実施するために，所管する専担部室を設置すること

(3)　マネロン・テロ資金供与対策を実施するために，外部専門家等によるレビューを受けること

〔問－11〕　ガイドラインおよびFAQにおける管理態勢とその有効性の検証・見直しに関して，適切な記述は次のうちどれですか。

(1)　内部情報，内部通報，職員からの質疑等といった情報は，自らのリスク管理態勢が実効的であるかを検証するためには有用な情報とならない。

(2)　リスク管理態勢の実効性に問題が認められた場合には，問題の原因分析を実施し，適切な改善対応策を講じるだけでなく，リスク管理態勢の基礎であるリスクの特定・評価・低減についても，その手法等の見直しが必要となる。

(3)　マネロン・テロ資金供与対策に取り組むにあたって必要とされる経営陣の主導的な関与とは，対策の方針・手続・計画等の策定と見直しのすべてについて経営陣が実行することを求めるものである。

〔問－12〕　ガイドラインにおける3つの防衛線に関して，適切でない記述は次のうちどれですか。

(1)　第1線に属するすべての職員は，自らの部門・職務において必要なマネロン・テロ資金供与対策に係る方針・手続・計画等を十分理解し，リスクに見合った低減措置を的確に実施することが求められている。

(2)　第2線は，第1線に対し，マネロン・テロ資金供与に係る情報の提供や質疑への応答を行うほか，具体的な対応方針等について協議をするなどの支援を行うことが求められている。

(3)　第3線は，監査にあたって，リスクを分析した上で必要に応じて悉皆的に調査を行うよりは，すべての分野についてサンプリングによる調査を行うことが求められている。

〔問－13〕 マネロン等関連法令に関して，適切でない記述は次のうちどれですか。

(1) 外為法は，マネロン・テロ資金供与を抑止するため，一定の範囲の事業者に顧客管理その他の防止措置を義務付けている。

(2) 組織的犯罪処罰法および麻薬特例法は，マネー・ローンダリングを刑事罰の対象とし，犯罪により得られた収益を剥奪し得るものとしている。

(3) テロ資金提供処罰法は，公衆等脅迫目的で犯罪を実行しようとする者が，その実行のために利用する目的で資金を提供させることを禁じているが，資金以外の物品や役務等の提供については規制していない。

〔問－14〕 犯罪収益移転防止法上の「特定事業者」に関して，適切でない記述は次のうちどれですか。

(1) 弁護士，司法書士，税理士および中小企業診断士は，いずれも特定事業者に該当する。

(2) 特定事業者が犯罪収益移転防止法に違反した場合，当該特定事業者を所管する行政庁により是正命令がなされることがある。

(3) 特定事業者は，取引時確認等の措置を的確に行うため，当該取引時確認をした事項に係る情報を最新の内容に保つための措置を講じなければならない。

〔問－15〕 犯罪収益移転防止法上の「特定事業者」に関して，適切でない記述は次のうちどれですか。

(1) 特定事業者は，特定業務に該当するが特定取引等に該当しないものについては，疑わしい取引の届出および取引記録の作成・保存の義務は生じるが，取引時確認を行う必要はない。

(2) 特定事業者は，特定取引が完了する前に必ず取引時確認を完了しなければならないわけではなく，取引の性質に応じて合理的な期間内に取引時確認を完了すれば足りる。

(3) 特定事業者である金融機関は，顧客が取引時確認に応じないために当該顧客からの預金の払戻請求を拒否すると，債務不履行による損害賠償責任を負う。

〔問－16〕　犯罪収益移転防止法上の「特定取引等」および「特定業務」に関して，適切でない記述は次のうちどれですか。
(1)　金融機関の特定業務とは，金融業務の全般を指しており，特定取引以外の取引も含まれる。
(2)　特定取引等は，特定取引と高リスク取引に分類することができる。
(3)　マネー・ローンダリングの疑いがあると認められる取引は，すべて高リスク取引に該当する。

〔問－17〕　犯罪収益移転防止法上，金融機関の対象取引に該当しないものは，次のうちどれですか。
(1)　預金の受入れを内容とする契約の締結
(2)　貸金庫の貸与を行うことを内容とする契約の締結
(3)　200万円の本邦通貨と外国通貨の両替

〔問－18〕　犯罪収益移転防止法上の「顧客管理を行う上で特別の注意を要する取引」に関して，適切でない記述は次のうちどれですか。
(1)　「同種の取引の態様と著しく異なる態様」で行われる取引とは，特定事業者が有する一般的な知識や経験，商慣行等から著しく乖離する取引である。
(2)　「同種の取引の態様と著しく異なる態様」であるか否かの判断にあたっては，特定事業者の通常の業務の範囲を超えた，特別の調査や証明資料の収集・保存を要する。
(3)　敷居値以下の取引であっても，「顧客管理を行う上で特別の注意を要する取引」に該当すれば，特定事業者に取引時確認と確認記録の作成・保存の義務が課される。

〔問-19〕 犯罪収益移転防止法上の「簡素な顧客管理を行うことが許容される取引」に該当するものは，次のa～cのうちいくつありますか。

a　公共料金や学校の入学金の現金納付取引
b　払戻総額が保険料払込総額の8割未満の保険の満期保険金の支払い
c　取引の金額が200万円超の無記名の公社債の本券または利札を担保に提供する取引

(1)　1つ
(2)　2つ
(3)　3つ（すべて該当する）

〔問-20〕 犯罪収益移転防止法上の「取引時確認」に関して，適切でない記述は次のうちどれですか。
(1)　実質的支配者の本人特定事項の確認は，特定事業者において有価証券報告書等の公表書類を確認する方法によることが認められている。
(2)　実質的支配者に該当する者が複数いる場合，全員の本人特定事項を確認することは求められていない。
(3)　実質的支配者の該当性は，直近の株主総会開催時など，取引と合理的な範囲で近接した時点での議決権の保有割合により判断することが認められている。

〔問-21〕 犯罪収益移転防止法上の「取引時確認」における確認事項に関して，適切でない記述は次のうちどれですか。
(1)　職業については，申告を受ける方法により確認するが，職業の内容としては，勤務先の名称や役職を確認することが求められている。
(2)　事業の内容については，顧客から定款等の書類の提示または送付を受ける方法のほか，特定事業者において入手・閲覧する方法により確認することが認められている。
(3)　取引を行う目的については，口頭で聴取する方法のほか，電子メールやFAX等を用いる方法，書面の提出を受ける方法，チェックリストのチェックを受ける方法により確認することが認められている。

〔問－22〕 **顧客が法人である場合の犯罪収益移転防止法上の「取引時確認」に関して，適切でない記述は次のうちどれですか。**

(1) 本人特定事項の確認に登記事項証明書を用いた場合，同じ登記事項証明書を事業の内容の確認に用いることも認められている。

(2) 法人が営む事業が多数である場合，取引に関連する主たる事業のみを確認するだけでは足らず，すべての事業の内容を確認しなければならない。

(3) 法人の本人特定事項として，名称および本店または主たる事務所の所在地を確認しなければならない。

〔問－23〕 **犯罪収益移転防止法上の「本人確認書類」に該当しないものは，次のうちどれですか。**

(1) 運転免許証

(2) 住民票の写し

(3) 個人番号（マイナンバー）の通知カード

〔問－24〕 **犯罪収益移転防止法上の「本人確認書類」に関して，適切でない記述は次のうちどれですか。**

(1) 本人確認書類に有効期限がある場合，当該本人確認書類は，特定事業者が提示または送付を受ける日において有効なものでなければならない。

(2) 本人確認書類に有効期限がない場合，当該本人確認書類は，特定事業者が提示または送付を受ける日の前6ヵ月以内に作成されたものでなければならない。

(3) 対面取引において，顧客から本人確認書類の写しを提示してもらうことで，当該顧客の本人特定事項を確認することができる。

〔問－25〕 **犯罪収益移転防止法上の「取引時確認」に関して，適切でない記述は次のうちどれですか。**

(1) 実質的支配者リスト制度は，株式会社のみならず，一般社団法人や一般財団法人も利用することができる。

(2) 「顧客」に該当するか否かは，特定取引等の意思決定を行っているのは誰かということと，取引の利益が実際には誰に帰属するのかということを総合判断して決定する。

(3) 犯罪収益移転防止法が特定事業者に対して義務付けている取引時確認の実施は，マネー・ローンダリング防止のための基本的かつ最も重要な対応である。

〔問－26〕 他の取引の際に既に犯罪収益移転防止法上の「取引時確認」を行っている顧客との取引に関して，適切でない記述は次のうちどれですか。

(1) 既に取引時確認を行っていても，当該確認について確認記録を作成および保存していなければ，あらためて取引時確認を行わなければならない。

(2) 顧客と面識があるなど，顧客が確認記録に記録されている顧客と同一であることが明らかな場合は，既に取引時確認を行っていることを確認したものとすることができる。

(3) 顧客管理を行う上で特別の注意を要する取引に該当する場合であっても，既に取引時確認を行っていることを確認することにより，再度の取引時確認が不要となる。

〔問－27〕 顧客本人と異なる者との取引における犯罪収益移転防止法上の「取引時確認」に関して，適切でない記述は次のうちどれですか。

(1) 顧客が人格のない社団の場合，代表者等が当該社団のために特定取引の任に当たっていることについて確認する必要がある。

(2) 代表者等が顧客の「同居の親族又は法定代理人」であることを，単に申告により確認することは認められておらず，住民票や戸籍謄本等の書類により関係を確認する必要がある。

(3) 電話をかけて代表者等が特定取引の任に当たっていることを確認する場合，確認の相手の役職に制限はない。

〔問－28〕 非対面での取引における犯罪収益移転防止法上の「本人特定事項」の確認に関して，適切でない記述は次のうちどれですか。

(1) 転送不要郵便物等を用いる方法において，取引関係文書を転送不要郵便物等として送付することに代えて，特定事業者の役職員が本人確認書類に記載されている顧客の住居に赴いて取引関係文書を交付する方法が認められる場合がある。

(2) 本人限定郵便を用いる方法において，顧客は，取引関係文書を受け取る際に本人確認書類を提示する必要があるが，当該本人確認書類が写真付きである必要はない。

(3) 顧客が法人の場合，代表者等から顧客の名称および本店または主たる事務所の所在地の申告を受け，かつ，一般財団法人民事法務協会が運営する登記情報提供サービスから登記情報の送信を受ける方法が認められている。

〔問－29〕　犯罪収益移転防止法上の「確認記録」に関して，適切でない記述は次のうちどれですか。
(1)　提示を受けた本人確認書類の写しを確認記録に添付し，確認記録とともに7年間保存するときは，本人確認書類の提示を受けた時刻の記載を省略することができる。
(2)　個人番号カード（マイナンバーカード）が本人確認書類として用いられた場合，確認記録に本人確認書類を特定するに足りる事項を記載するときは，個人番号（マイナンバー）を書き写してはならない。
(3)　確認記録の内容に変更があることを知った場合，既に確認記録に記載された当該内容を消去し，変更事項を確認記録に上書きしなければならない。

〔問－30〕　犯罪収益移転危険度調査書に関して，適切でない記述は次のうちどれですか。
(1)　特定事業者等の事業者が行う取引の種別ごとに，それらの取引がマネロン・テロ資金供与に悪用されるリスクを特定し，評価している。
(2)　特定事業者が効果的・効率的なマネロン・テロ資金供与対策を講じるリスクベース・アプローチを実施していくための前提となっている。
(3)　犯罪収益移転防止法の規定に基づき，法務省が毎年作成し，公表している。

〔問－31〕　高リスク取引に該当しないものは，次のうちどれですか。
(1)　取引の相手方が，取引の基となる継続的な契約の締結に際して行われた取引時確認に係る顧客等またはその代表者等になりすましている疑いがある取引
(2)　取引の基となる継続的な契約の締結に際して取引時確認が行われた際に取引時確認に係る事項を偽っていた疑いがある顧客等またはその代表者等との取引
(3)　FATFがマネロン・テロ資金供与リスクが高い国としているイランの国籍を有し，日本に居住している顧客との特定取引

〔問－32〕　犯罪収益移転防止法上の外国PEPsに関して，適切な記述は次のうちどれですか。
(1)　外国PEPsに該当するか否かの確認方法は法定されてはいないが，商業用データベースを活用する方法やインターネット等の公刊情報を活用する方法などが認められている。
(2)　外国の元首が実質的支配者である法人との特定取引は，高リスク取引に該当しない。
(3)　過去に外国の元首であった者との特定取引は，高リスク取引に該当しない。

〔問-33〕 高リスク取引における犯罪収益移転防止法上の「本人特定事項」の確認方法に関して、適切な記述は次のうちどれですか。

(1) 通常の取引と同様の確認方法に加え、追加の本人確認書類または補完書類の提示等を受ける必要がある。

(2) 他の取引の際に既に取引時確認済みの顧客であれば、取引時確認済みの確認を行うことにより、再度の取引時確認は不要となる。

(3) 法人の実質的支配者の本人特定事項については、通常の取引に際して行う場合と同様に、代表者等から申告を受ける方法により確認することで足りる。

〔問-34〕 高リスク取引における犯罪収益移転防止法上の「取引時確認」に関して、適切な記述は次のうちどれですか。

(1) 取引を行う目的、職業については、申告を受ける方法による確認に加えて、訪問等により相違ないかを確認する必要がある。

(2) 事業の内容については、登記事項証明書や定款等の確認に加えて、訪問等により相違ないかを確認する必要がある。

(3) 200万円を超える財産の移転を伴う取引の場合は、通常の取引における確認事項に加えて、「資産及び収入の状況」を確認する必要がある。

〔問-35〕 犯罪収益移転防止法上の「取引時確認」における「資産及び収入の状況」の確認に関して、適切でない記述は次のうちどれですか。

(1) 顧客が個人の場合、当該顧客と婚姻の届出をしていないが、事実上婚姻関係と同様の事情にある者の預貯金通帳は、確認書類として認められていない。

(2) 疑わしい取引の届出を行うかどうかを判断できる程度に確認を行うこととされており、必ずしも顧客の資産と収入の両方の状況を確認する必要はない。

(3) 確認に用いる書類の作成時期等は、特定事業者において顧客の資産及び収入の状況が取引を行うに相当なものであるかを確認するという観点から判断する。

〔問－36〕 疑わしい取引の届出に関して，適切でない記述は次のうちどれですか。
(1) 特定事業者は，特定業務において収受した財産が犯罪による収益である疑いが認められる場合には，速やかに所管行政庁に届け出なければならない。
(2) 疑わしい取引の届出制度は，特定事業者が届け出た情報をマネー・ローンダリング事犯およびその前提犯罪の捜査等に役立てるとともに，特定事業者の提供するサービスが犯罪者に利用されることを防止し，特定事業者に対する信頼を確保することを目的としている。
(3) 疑わしい取引の届出を行おうとすることまたは行ったことを顧客またはその関係者に漏らすことは，当該顧客等から届出の有無について確認があった場合を除き，禁じられている。

〔問－37〕 疑わしい取引の届出に関して，適切な記述は次のうちどれですか。
(1) 捜査機関等からの捜査関係事項照会書や個別の要請に応じる場合であっても，別途調査および検討し，疑わしい取引に該当すると判断したものについて，疑わしい取引の届出を行う必要がある。
(2) 疑わしい取引に該当すると判断した取引について，1ヵ月に1回決まった日にまとめて届出を行うことが認められている。
(3) 取引モニタリングで検知されるなどの，疑わしい取引に該当することが疑われる場合に，どの程度の期間で検証・届出をすべきかについては，検知から届出まで，3ヵ月以内で実施できることが望ましい。

〔問－38〕 疑わしい取引の届出に関して，適切でない記述は次のうちどれですか。
(1) 疑わしい取引の届出を行った取引について，金融機関自らのリスク評価や取引モニタリングのシナリオ・敷居値に反映できるような情報を抽出し，必要に応じてリスク管理態勢の強化に活用することが求められている。
(2) 疑わしい取引の届出を行った場合，すべての類型の取引について，リスク低減措置が適切に機能しているかを事後的に検証し，必要に応じて見直しを行うことが求められている。
(3) 疑わしい取引の届出を行った場合，当該顧客のリスク評価を見直し，見直した顧客リスク評価の結果に基づいて，リスクに見合った低減措置を実施することが求められている。

〔問－39〕 「疑わしい取引の参考事例」に関して，適切でない記述は次のうちどれですか。

(1) 「疑わしい取引の参考事例」は，金融機関が疑わしい取引の届出義務を履行するにあたり，疑わしい取引に該当する可能性のある取引として，特に注意を払うべき取引の類型を示したものである。

(2) 「疑わしい取引の参考事例」に形式的に合致する取引については，すべて疑わしい取引に該当するものとして，疑わしい取引の届出を行う必要がある。

(3) 個別の取引が疑わしい取引に該当するか否かについては，「疑わしい取引の参考事例」のほか，顧客の属性や取引時の状況等，金融機関が保有している情報から総合的に勘案して判断する必要がある。

〔問－40〕 疑わしい取引の届出の方式に関して，適切でない記述は次のうちどれですか。

(1) 疑わしい取引の届出の方式は，①電子申請システムによる届出，②電磁的記録媒体による届出，③書面による届出のいずれかを選ぶことができる。

(2) 金融庁は，情報管理を強化し，業務を高度化・効率化していく観点から，電子申請システムによる届出を推奨している。

(3) 電子申請システムによる届出の場合，金融庁が提供する事業者プログラムを使用して作成した届出票ファイル等および参考資料を提出用データにまとめて行政庁宛に届け出る。

〔問－41〕 リスクベース・アプローチに関して，適切でない記述は次のうちどれですか。

(1) リスクベース・アプローチによるマネロン・テロ資金供与リスク管理態勢の構築・維持は，FATFの勧告等の中心的な項目であり，日本の金融システムに参加する金融機関にとって，当然に実施していくべき事項である。

(2) リスクベース・アプローチに基づいて金融機関自らが特定・評価したマネロン・テロ資金供与リスクは，マネロン・テロ資金供与対策を監督する金融庁が策定したリスク管理基準の範囲内に収まるように低減することが求められている。

(3) リスクベース・アプローチの実施にあたっては，近年，情報伝達の容易性や即時性の高まり等により，高度化に後れをとる金融機関が瞬時に標的とされてマネロン・テロ資金供与に利用されるリスクが高まっていることに注意を払う必要がある。

〔問－42〕 リスクの特定に関して，適切な記述は次のうちどれですか。

(1) 金融機関が提供している商品・サービスや，取引形態，取引に係る国・地域，顧客の属性等のリスクを包括的かつ具体的に検証し，直面するマネロン・テロ資金供与リスクを特定するものであり，リスクベース・アプローチの出発点である。

(2) 取引に係る国・地域について検証を行うにあたっては，対象を自金融機関が取引を有する国・地域に限定した上で，直接・間接の取引可能性を検証し，リスクを把握することが求められている。

(3) 新たな商品・サービスを取り扱う場合や，新たな技術を活用して行う取引その他の新たな態様による取引を行う場合には，当該商品・サービス等の提供後速やかに分析を行い，マネロン・テロ資金供与リスクを検証することが求められている。

〔問－43〕 リスクの特定・評価に関して，適切でない記述は次のうちどれですか。

(1) 非対面取引は，本人特定事項の偽りや他人へのなりすまし等を看破する手段が限定されることから，対面取引と比べてマネー・ローンダリングのリスクが高い。

(2) 現金取引は，遠隔地への速やかな資金移動が容易な為替取引と異なり，実際に現金の物理的な移動を伴うことから，相当な時間を要する一方，匿名性が高く，資金の流れが追跡されにくい。

(3) 外国との為替取引については，各国・各金融機関がコルレス契約に係るマネロン・テロ資金供与対策を厳格に実施しているため，犯罪収益の追跡が容易である。

〔問－44〕 「顧客管理（カスタマー・デュー・ディリジェンス：CDD）」に関して，適切でない記述は次のうちどれですか。

(1) 顧客管理とは，個々の顧客に着目し，金融機関自らが特定・評価したリスクを前提として，個々の顧客の情報や取引内容等を調査し，リスク評価の結果と照らして，当該顧客に対して講じるべきリスク低減措置を判断・実施する一連の流れをいう。

(2) 顧客管理においては，取引関係の開始時および継続時に，個々の顧客やその行う取引のリスクの大きさに応じて調査を実施し，講じるべき低減措置を的確に判断・実施する必要があるが，取引終了時には，リスクがなくなるため調査等を実施する必要はない。

(3) 金融機関は，顧客管理の過程で確認した情報，自らの規模・特性や業務実態等を総合的に考慮し，すべての顧客について顧客リスク評価を実施するとともに，マネロン・テロ資金供与リスクが高いと判断した顧客については，リスクに応じた厳格な顧客管理を行うことが求められている。

〔問－45〕 「顧客管理（カスタマー・デュー・ディリジェンス：CDD）」に関して，適切な記述は次のa～cのうちいくつありますか。

---

a リスク低減措置の中核的な項目である顧客管理，特に，リスクベースでの継続的な顧客管理は，マネロン等対策における重要な要素である。

b 継続的な顧客管理の実施にあたっては，金融機関の顧客のリスク評価に応じた中長期的な行動計画を策定した上で，その進捗を管理しながら着実かつ丁寧に対応を進めていくことが重要となる。

c 継続的な顧客管理に係る調査を行う場合は，調査に対する顧客からの回答率を向上させるため，継続的な顧客管理への理解を促すための周知活動もあわせて検討する必要がある。

---

(1) 1つ
(2) 2つ
(3) 3つ（すべて適切）

〔問－46〕「取引モニタリング」に関して，適切な記述は次のうちどれですか。

(1) 取引モニタリングは，疑わしい取引の届出を行うため，不自然な取引についてシステムを用いて事後的に検知するもので，職員の気付きは含まれない。

(2) 取引モニタリングにあたっては，すべてのリスクを網羅するために，画一的なシナリオや敷居値によって幅広く不公正取引の疑いのある取引を検知する体制が求められている。

(3) 不自然な取引の検知に用いるシステムは，取引パターン分析のためのルールやシナリオの有効性について，検証・分析の上，抽出基準の改善を図ることが求められている。

〔問－47〕「取引フィルタリング」に関して，適切でない記述は次のうちどれですか。

(1) 取引フィルタリングは，リスク低減措置の実効性を確保する手段の一つで，取引を行う前に制裁対象者等の取引不可先が含まれていないかをシステムを用いて検知する手法であり，職員の目視は含まれない。

(2) 取引フィルタリングにおいては，制裁対象者リストの照合手順を定めるだけに留まらず，該当候補者がヒットした場合の判断手順について具体的に定める必要がある。

(3) 取引フィルタリングを適切に実施するためには，制裁対象者や制裁対象地域について，アルファベットで複数の表記方法があり得る場合に備えて，スペリングの違いについて幅をもって検索できる「あいまい検索機能」を適切に設定する必要がある。

〔問－48〕 ITシステムの活用・データ管理に関して，適切でない記述は次のうちどれですか。

(1) 経営陣は，マネロン・テロ資金供与のリスク管理に係る業務負担を分析し，より効率的効果的かつ迅速に行うために，ITシステムの活用の可能性を検討することが求められている。

(2) ITシステムの有効性については，所属する業界団体や中央機関等の指針等に従って検証を実施すれば，各金融機関が個別具体的に検討する必要はない。

(3) ITシステムに用いられる顧客情報，確認記録・取引記録等のデータについては，網羅性・正確性の観点で適切なデータが活用されているかを定期的に検証することが求められている。

〔問－49〕 マネロン等対策を巡る最近の動向に関して，適切でない記述は次のうちどれですか。

(1) 技術の進歩による決済手段の多様化や取引のグローバル化等が進行し，金融取引がより複雑化する中，金融機関の直面するマネロン等に関するリスクも変化している。

(2) 近年，日本においては特殊詐欺が多発しているが，現在は，いわゆるオレオレ詐欺だけでなく，還付金詐欺，架空料金請求詐欺，預貯金詐欺，キャッシュカード詐欺盗などの手口が増加しており，詐欺の手口は多種多様になっている。

(3) 金融庁は，2022年4月から2023年6月頃までの検査やモニタリングの結果を通じて，2024年3月のマネロン等対策に係る態勢整備完了に向けた地域金融機関の取組状況に遅れは見られないと分析している。

〔問－50〕 マネロン等対策を巡る最近の動向に関して，適切でない記述は次のうちどれですか。

(1) 日本は，FATF第4次相互審査の結果について当初「重点フォローアップ国」とされたが，2022年10月の第1次フォローアップを受けて法令等遵守状況の評価が見直され，米国・ドイツと同じく「通常フォローアップ国」となった。

(2) FATFは，第5次相互審査において，第4次相互審査から導入した有効性（以下，「IO」という。）の審査に焦点を置くとともに，IOの評価について，全11項目の評価項目を維持しつつ，被審査国のリスクや第4次相互審査を踏まえて，重点審査分野を絞り込むとしている。

(3) 取引モニタリングやフィルタリングについては，誤検知率の高さやシステム費用負担等の課題から，預金取扱金融機関業界を中心に，マネー・ローンダリングシステムを共同化して，負担を軽減するとともに，対策を高度化できないか議論が行われている。

金融ＡＭＬオフィサー［基本］（2024年3月3日実施）解答

問－1	問－2	問－3	問－4	問－5	問－6	問－7	問－8	問－9	問－10
(3)	(3)	(1)	(3)	(3)	(3)	(1)	(1)	(2)	(1)
問－11	問－12	問－13	問－14	問－15	問－16	問－17	問－18	問－19	問－20
(2)	(3)	(3)	(1)	(3)	(3)	(3)	(2)	(3)	(2)
問－21	問－22	問－23	問－24	問－25	問－26	問－27	問－28	問－29	問－30
(1)	(2)	(3)	(3)	(1)	(3)	(1)	(2)	(3)	(3)
問－31	問－32	問－33	問－34	問－35	問－36	問－37	問－38	問－39	問－40
(3)	(1)	(1)	(3)	(1)	(3)	(1)	(2)	(2)	(3)
問－41	問－42	問－43	問－44	問－45	問－46	問－47	問－48	問－49	問－50
(2)	(1)	(3)	(2)	(3)	(3)	(1)	(2)	(3)	(1)

【金融ＡＭＬオフィサー［実践］】

〔問－1〕 マネロン等に関して，適切でない記述は次のうちどれですか。

(1) マネー・ローンダリングとは，犯罪によって得た収益の出所や真の所有者を分からないようにして，捜査機関による収益の発見や検挙を逃れようとする行為をいう。

(2) 2013年6月のロック・アーン・サミットにおいて，所有・支配構造が不透明な法人等がマネー・ローンダリングや租税回避のために利用されている状況を踏まえ，「法人及び法的取極めの悪用を防止するためのG8行動計画原則」が参加国間で合意された。

(3) マネー・ローンダリングとテロ資金供与では，送金先に関して注意を要する国・地域に相違はない。

〔問－2〕 マネロン等に関して，適切な記述は次のうちどれですか。

(1) 麻薬密売人が，麻薬密売代金を他人名義で開設した金融機関の口座に隠匿する行為は，マネー・ローンダリングに当たる。

(2) 金融機関のマネロン等対策において実効的な管理態勢を構築する際は，テロリストへの資金供与に自らが提供する商品・サービスが利用されることを想定する必要はない。

(3) 著作権法違反により得た収益を金融商品の購入に充てる行為は，マネー・ローンダリングに当たらない。

〔問－3〕 マネロン等対策を講じない場合のリスクに関して，適切な記述は次のうちどれですか。

(1) マネロン等のリスクの高い国と認定・公表された場合，海外金融当局が当該国の金融機関や個別の外国送金の監視を強化し，その結果，当該国の輸出入決済の手続きの遅延や経済活動全般に支障が生じる可能性がある。

(2) マネロン・テロ資金供与対策の不備を契機として，外国当局より巨額の制裁金を課される事例が生じているが，取引相手である海外の金融機関からコルレス契約の解消を求められる事例はこれまで生じていない。

(3) リスクに応じた実効的な低減措置を行っていない金融機関は，マネロン・テロ資金供与に悪用される危険度が高まるが，その危険は個別金融機関の問題に留まる。

〔問－4〕 **FATFによるマネロン等対策に関する勧告等に関して，適切でない記述は次のうちどれですか。**

⑴ 1990年，マネー・ローンダリング対策のために各国が金融分野において講じるべき法規制上の措置等として「40の勧告」を策定し，米国同時多発テロ事件発生後の2001年10月，テロ資金供与に関する「8の特別勧告（のちの9の特別勧告）」を策定した。

⑵ 2012年，「40の勧告」と「9の特別勧告」を一本化した新「40の勧告」を策定し，リスクベース・アプローチの強化や法人・信託，電信送金システムに関する透明性の向上などを図った。

⑶ 相互審査の結果，「通常フォローアップ」または「重点フォローアップ」の対象となった国・地域は，改善すべきと指摘された事項につき改善する必要があるが，その進捗のFATFへの報告は求められていない。

〔問－5〕 **FATFに関して，適切でない記述は次のうちどれですか。**

⑴ 1989年のアルシュ・サミット経済宣言を受けて設置された政府間会合であり，2001年の米国同時多発テロ事件発生以降は，テロ資金供与に関する国際的な対策と協力の推進にも指導的な役割を果たしている。

⑵ マネロン・テロ資金供与対策に関する国際基準（FATF勧告）の策定および見直しを行っているが，非参加国・地域には勧告の効力が及ばないことから，当該国・地域に対してFATF勧告遵守の推奨を行っていない。

⑶ 日本は，FATFの設置当初からの参加国であり，年3回の全体会合に参加するほか，議長国を務めたこともある。

〔問－6〕 **FATF第4次対日相互審査報告書に関して，適切でない記述は次のうちどれですか。**

⑴ マネー・ローンダリング罪の法定刑の上限の引上げや没収可能な財産の範囲等の不備について指摘された。

⑵ リスクのあるNPOのテロ資金供与対策のためのターゲットを絞ったアウトリーチが行われておらず，日本のNPOは，テロ資金供与の活動に巻き込まれる危険性があると指摘された。

⑶ 日本の対策を一層向上させるためには，法人等の悪用防止，捜査・訴追などに優先的に取り組むべきとされたが，金融機関に対する監督・検査は十分に機能していることから取組優先事項とはされていない。

〔問－7〕　FATF第4次対日相互審査報告書の公表を契機とした政府の対応として，適切でない記述は次のうちどれですか。
(1)　政府一体となってマネロン等対策に取り組むため，金融庁を議長とする「マネロン・テロ資金供与・拡散金融対策政策会議」を設置した。
(2)　政府は，内閣官房にFATF勧告関係法整備検討室を設置し，関係する4省庁の6法の改正案をまとめた，いわゆる「FATF勧告対応法」案が国会に提出され，2022年に公布された。
(3)　「マネロン・テロ資金供与・拡散金融対策の推進に関する基本方針」における具体的な対応として，「法人及び信託の透明性向上」を示した。

〔問－8〕　「マネー・ローンダリング・テロ資金供与・拡散金融対策の現状と課題（2023年6月）」に関して，適切でない記述は次のうちどれですか。
(1)　多くの金融機関において，態勢高度化に向けた取組みに着手しているが，営業現場も含め態勢整備には不適切・不十分な事項が多く，進捗は認められない。
(2)　特殊詐欺が多発していることを踏まえ，金融機関において，特殊詐欺が発生したまたは発生が疑われる口座・取引について，調査の上，速やかに疑わしい取引の届出の検討を行い，必要に応じて警察へ通報することが推進されている。
(3)　継続的な顧客管理にあたって，全顧客のリスク評価を実施し，情報が不足している顧客に対してはアンケート等の郵便物を送付するなどの対応を行っている金融機関が多いが，顧客から返信が得られないなど，取組状況に遅れが出ている金融機関も認められる。

〔問－9〕　ガイドラインに関して，適切でない記述は次のうちどれですか。
(1)　金融機関におけるフォワード・ルッキングな対応を促す観点から，過去のモニタリングや海外の金融機関において確認された優良事例を，他の金融機関がベスト・プラクティスを目指すにあたって参考となる「先進的な取組み事例」として掲げている。
(2)　金融機関は，管理態勢の構築・維持にあたって，関係法令やガイドライン等の遵守状況，法令違反等の有無を形式的にチェックすることが求められる。
(3)　マネー・ローンダリングとテロ資金供与には，取引の目的，規模・金額等が異なる場合があるなどの違いがあるが，金融システムの健全性を維持するために必要な基本的方策のあり方は同じである。

〔問－10〕　ガイドラインにおける管理態勢とその有効性の検証・見直しに関して，「対応が求められる事項」に該当するものは次のうちどれですか。

(1)　リスク低減措置を講じてもなお残存するリスクを評価し，当該リスクの許容度や金融機関への影響に応じて，取扱いの有無を含めたリスク低減措置の改善や更なる措置の実施の必要性を検討すること

(2)　マネロン・テロ資金供与対策を実施するために，自らの規模・特性・業容等を踏まえ，所管する専担部室を設置すること

(3)　管理態勢の見直しや検証等について外部専門家等のレビューを受ける際に，検証項目に照らして，外部専門家等の適切性や能力について，外部専門家等を採用する前に，経営陣に報告しその承認を得ること

〔問－11〕　ガイドラインおよびFAQにおける管理態勢とその有効性の検証・見直しに関して，適切でない記述は次のうちどれですか。

(1)　内部情報，内部通報，職員からの質疑等といった情報は，自らのリスク管理態勢が実効的であるかを検証するためには有用な情報とならない。

(2)　リスク管理態勢の実効性に問題が認められた場合には，問題の原因分析を実施し，適切な改善対応策を講じるだけでなく，リスク管理態勢の基礎であるリスクの特定・評価・低減についても，その手法等の見直しが必要となる。

(3)　経営陣の役割には，組織横断的な枠組みを構築し，戦略的な人材確保・教育・資源配分等を実施することがある。

〔問－12〕　ガイドラインにおける3つの防衛線に関して，適切な記述は次のうちどれですか。

(1)　第1線は，第2線が定めたリスク低減措置を適切に履践していくことが求められているが，第2線に対して，第1線のリスク認識を的確に伝達する態勢を整備することは求められていない。

(2)　第2線は，マネロン・テロ資金供与対策に関する資格等を保有している職員を集めるだけでは十分であるといえず，実務経験等も考慮して，専門性等を判断するとともに，継続的な教育・研修を行っていくことが重要である。

(3)　第3線は，監査にあたって，リスクを分析した上で必要に応じて悉皆（しっかい）的に調査を行うよりは，すべての分野についてサンプリングによる調査を行うことが求められている。

〔問-13〕 マネロン等関連法令に関して，適切でない記述は次のうちどれですか。

(1) 外為法は，マネロン・テロ資金供与を抑止するため，一定の範囲の事業者に顧客管理その他の防止措置を義務付けている。

(2) 組織的犯罪処罰法および麻薬特例法は，犯罪を通じて形成された財産に着目し，マネー・ローンダリングを刑事罰の対象とすること，犯罪により得られた収益を剥奪し得るものとすることで，犯罪組織の資金基盤に打撃を与えようとしている。

(3) テロ資金提供処罰法は，公衆等脅迫目的で犯罪を実行しようとする者が，その実行のために利用する目的で資金を提供させることを禁じているが，資金以外の物品や役務等の提供については規制していない。

〔問-14〕 犯罪収益移転防止法上の「特定事業者」に関して，適切でない記述は次のうちどれですか。

(1) 特定事業者である金融機関は，顧客が取引時確認に応じないために当該顧客からの預金の払戻請求を拒否すると，債務不履行による損害賠償責任を負う。

(2) 特定事業者は，特定取引が完了する前に必ず取引時確認を完了しなければならないわけではなく，取引の性質に応じて合理的な期間内に取引時確認を完了すれば足りる。

(3) 特定事業者は，特定業務に該当するが特定取引等に該当しないものについては，疑わしい取引の届出および取引記録の作成・保存の義務は生じるが，取引時確認を行う必要はない。

〔問-15〕 犯罪収益移転防止法上の「特定取引等」および「特定業務」に関して，適切でない記述は次のうちどれですか。

(1) 金融機関の特定業務とは，金融業務の全般を指しており，特定取引以外の取引も含まれる。

(2) 特定取引等は，特定取引と高リスク取引に分類することができる。

(3) マネー・ローンダリングの疑いがあると認められる取引は，すべて高リスク取引に該当する。

〔問－16〕 犯罪収益移転防止法上の「顧客管理を行う上で特別の注意を要する取引」に関して，適切な記述は次のうちどれですか。
(1) 資産や収入に見合っている取引であれば，一般的な同種の取引と比較して高額であっても，「同種の取引の態様と著しく異なる態様」に該当しない。
(2) 「同種の取引の態様と著しく異なる態様」であるか否かの判断にあたっては，特定事業者の通常の業務の範囲を超えた，特別の調査や証明資料の収集・保存を要する。
(3) 敷居値以下の取引であっても，「顧客管理を行う上で特別の注意を要する取引」に該当すれば，特定事業者に取引時確認と確認記録の作成・保存の義務が課される。

〔問－17〕 犯罪収益移転防止法上の「簡素な顧客管理を行うことが許容される取引」に該当するものは，次のa～cのうちいくつありますか。

> a 公共料金や学校の入学金の現金納付取引
> b 払戻総額が保険料払込総額の8割未満の保険の満期保険金の支払い
> c 取引の金額が200万円超の無記名の公社債の本券または利札を担保に提供する取引

(1) 1つ
(2) 2つ
(3) 3つ（すべて該当する）

〔問－18〕 犯罪収益移転防止法上の「取引時確認」における確認事項に関して，適切でない記述は次のうちどれですか。
(1) 取引を行う目的の確認は，口頭で聴取する方法のほか，電子メールやFAX等を用いる方法，書面の提出を受ける方法，チェックリストのチェックを受ける方法によることが認められている。
(2) 実質的支配者に該当する者が複数いる場合，全員の本人特定事項を確認することは求められていない。
(3) 実質的支配者の該当性は，直近の株主総会開催時など，取引と合理的な範囲で近接した時点での議決権の保有割合により判断することが認められている。

〔問－19〕 犯罪収益移転防止法上の「取引時確認」における「職業」の確認に関して，適切でない記述は次のうちどれですか。
(1) 電子メールを用いる方法や書面の提出を受ける方法は認められているが，口頭で聴取する方法は認められていない。
(2) 特定事業者において顧客が複数の職業を有していることを認識していない場合に，1つの職業を確認したときは，他の職業を有していないかについて積極的に確認しなくてもよい。
(3) 勤務先の名称等から職業が明らかである場合を除き，勤務先の名称等の確認をもって職業の確認に代えることは認められていない。

〔問－20〕 顧客が法人である場合の犯罪収益移転防止法上の「取引時確認」に関して，適切でない記述は次のうちどれですか。
(1) 法人が営む事業が多数である場合，取引に関連する主たる事業のみを確認するだけでは足らず，すべての事業の内容を確認しなければならない。
(2) 顧客が上場会社の場合，代表者等の本人特定事項のみを確認すれば足りる。
(3) 本人特定事項の確認に登記事項証明書を用いた場合，同じ登記事項証明書を事業の内容の確認に用いることも認められている。

〔問－21〕 犯罪収益移転防止法上の対面取引における「本人確認書類」に関して，適切な記述は次のうちどれですか。
(1) 顧客から国民健康保険証と国民年金手帳を提示してもらうことで，当該顧客の本人特定事項を確認することができる。
(2) 顧客から運転免許証の写しを提示してもらうことで，当該顧客の本人特定事項を確認することができる。
(3) 顧客から住民票の写しと携帯電話料金の領収書を提示してもらうことで，当該顧客の本人特定事項を確認することができる。

〔問－22〕 犯罪収益移転防止法上の「取引時確認」に関して，適切な記述は次のうちどれですか。
(1) 実質的支配者リスト制度は，株式会社のみならず，一般社団法人や一般財団法人も利用することができる。
(2) 顧客は，特定事業者が取引時確認を行う際にその内容を偽ってはならないが，隠蔽する目的で本人特定事項を偽っても罰則はない。
(3) 特定事業者は，取引時確認等の措置を的確に行うため，当該取引時確認をした事項に係る情報を最新の内容に保つための措置を講じなければならない。

〔問－23〕 他の取引の際に既に犯罪収益移転防止法上の「取引時確認」を行っている顧客との取引に関して，適切でない記述は次のうちどれですか。

(1) 既に取引時確認を行っていても，当該確認について確認記録を作成および保存していなければ，あらためて取引時確認を行わなければならない。

(2) 顧客と面識があるなど，顧客が確認記録に記録されている顧客と同一であることが明らかな場合は，既に取引時確認を行っていることを確認したものとすることができる。

(3) 顧客管理を行う上で特別の注意を要する取引に該当する場合であっても，既に取引時確認を行っていることを確認することにより，再度の取引時確認が不要となる。

〔問－24〕 顧客本人と異なる者との取引における犯罪収益移転防止法上の「取引時確認」に関して，適切な記述は次のうちどれですか。

(1) 顧客が人格のない社団の場合，代表者等が当該社団のために特定取引の任に当たっていることについて確認する必要がある。

(2) 「当該代表者等が当該顧客等のために当該特定取引等の任に当たっていることを証する書面」は，委任状という名称でなければならない。

(3) 電話をかけて代表者等が特定取引の任に当たっていることを確認する場合，確認の相手の役職に制限はない。

〔問－25〕 非対面での取引における犯罪収益移転防止法上の「本人特定事項」の確認に関して，適切でない記述は次のうちどれですか。

(1) 転送不要郵便物等を用いる方法において，取引関係文書を転送不要郵便物等として送付することに代えて，特定事業者の役職員が本人確認書類に記載されている顧客の住居に赴いて取引関係文書を交付する方法が認められる場合がある。

(2) 本人限定郵便を用いる方法において，顧客は，取引関係文書を受け取る際に本人確認書類を提示する必要があるが，当該本人確認書類が写真付きである必要はない。

(3) 顧客が法人の場合，代表者等から顧客の名称および本店または主たる事務所の所在地の申告を受け，かつ，一般財団法人民事法務協会が運営する登記情報提供サービスから登記情報の送信を受ける方法が認められている。

〔問-26〕 犯罪収益移転防止法上の「確認記録」に関して，適切でない記述は次のうちどれですか。

(1) 提示を受けた本人確認書類の写しを確認記録に添付し，確認記録とともに7年間保存するときは，本人確認書類の提示を受けた時刻の記載を省略することができる。

(2) 個人番号カード（マイナンバーカード）が本人確認書類として用いられた場合，確認記録に本人確認書類を特定するに足りる事項を記載するときは，個人番号（マイナンバー）を書き写してはならない。

(3) 確認記録の内容に変更があることを知った場合，既に確認記録に記載された当該内容を消去し，変更事項を確認記録に上書きしなければならない。

〔問-27〕 犯罪収益移転危険度調査書に関して，適切でない記述は次のうちどれですか。

(1) 特定事業者等の事業者が行う取引の種別ごとに，それらの取引がマネロン・テロ資金供与に悪用されるリスクを特定し，評価している。

(2) 特定事業者が効果的・効率的なマネロン・テロ資金供与対策を講じるリスクベース・アプローチを実施していくための前提となっている。

(3) 犯罪収益移転防止法の規定に基づき，法務省が毎年作成し，公表している。

〔問-28〕 高リスク取引に関して，適切な記述は次のうちどれですか。

(1) 高リスク取引に該当する場合，特定事業者は，すべて疑わしい取引として届出を行わなければならない。

(2) 高リスク取引に該当する場合，より厳格な顧客管理が必要となるが，犯罪収益移転防止法上，この点を当該取引に係る顧客に知らせてはならない。

(3) 外国の元首や高位の政治家と婚姻の届出をしていないが，事実上婚姻関係と同様の事情にある者との特定取引は，高リスク取引に該当する。

〔問-29〕 犯罪収益移転防止法上の外国PEPsに関して，適切な記述は次のうちどれですか。

(1) 外国PEPsに該当するか否かの確認方法は法定されてはいないが，商業用データベースを活用する方法やインターネット等の公刊情報を活用する方法などが認められている。

(2) 外国の元首が実質的支配者である法人との特定取引は，高リスク取引に該当しない。

(3) 外国の元首の孫との特定取引は，高リスク取引に該当する。

〔問－30〕　高リスク取引における犯罪収益移転防止法上の「本人特定事項」の確認方法に関して，適切な記述は次のうちどれですか。
(1)　継続的な契約に基づく取引の場合は，当該契約の締結に際して確認した書類以外の本人確認書類または補完書類を，少なくとも2点，確認する必要がある。
(2)　他の取引の際に既に取引時確認済みの顧客であっても，取引時確認済みの確認による方法は認められず，別途，取引時確認による本人特定事項の確認が必要となる。
(3)　法人の実質的支配者の本人特定事項については，通常の取引に際して行う場合と同様に，代表者等から申告を受ける方法により確認することで足りる。

〔問－31〕　ガイドラインにおける「マネロン・テロ資金供与リスクが高いと判断した顧客」との取引に関して，適切でない記述は次のうちどれですか。
(1)　顧客との取引の実施については，担当者の確認で足りる。
(2)　顧客の取引の目的，職業・地位については，リスクに応じ追加的な情報を入手することが求められる。
(3)　営業内容，所在地等が取引目的，取引態様等に照らして合理的ではない顧客との取引の場合は，取引開始前または多額の取引等に際し，営業実態や所在地等を把握するなど追加的な措置を講じることが求められる。

〔問－32〕　犯罪収益移転防止法上の「取引時確認」における「資産及び収入の状況」の確認に関して，適切でない記述は次のうちどれですか。
(1)　顧客が個人の場合，当該顧客と婚姻の届出をしていないが，事実上婚姻関係と同様の事情にある者の預貯金通帳は，確認書類として認められていない。
(2)　資産および収入の状況の確認に際しては，ガイドラインに基づきリスクに応じ追加的な情報の入手が求められる。
(3)　確認に用いる書類の作成時期等は，特定事業者において顧客の資産及び収入の状況が取引を行うに相当なものであるかを確認するという観点から判断する。

〔問－33〕 疑わしい取引の届出に関して，適切でない記述は次のうちどれですか。

(1) 特定事業者は，特定業務において収受した財産が犯罪による収益である疑いが認められる場合には，速やかに所管行政庁に届け出なければならない。

(2) 疑わしい取引の検知に際しては，システムによる検知のほか，顧客から取引の申込みを受け付ける職員等の気付きも重要となるため，職員等が不審・不自然な取引を検知し，本部に報告することができるような態勢の構築が必要である。

(3) 疑わしい取引の届出を行おうとすることまたは行ったことを顧客またはその関係者に漏らすことは，当該顧客等から届出の有無について確認があった場合を除き，禁じられている。

〔問－34〕 疑わしい取引の届出に関して，適切でない記述は次のうちどれですか。

(1) 疑わしい取引の届出を行った取引について，金融機関自らのリスク評価や取引モニタリングのシナリオ・敷居値に反映できるような情報を抽出し，必要に応じてリスク管理態勢の強化に活用することが求められている。

(2) 疑わしい取引の届出を行った場合，すべての類型の取引について，リスク低減措置が適切に機能しているかを事後的に検証し，必要に応じて見直しを行うことが求められている。

(3) 疑わしい取引の届出を行った場合，当該顧客のリスク評価を見直し，見直した顧客リスク評価の結果に基づいて，リスクに見合った低減措置を実施することが求められている。

〔問－35〕 「疑わしい取引の参考事例」に関して，適切でない記述は次のうちどれですか。

(1) 「疑わしい取引の参考事例」は，金融機関が疑わしい取引の届出義務を履行するにあたり，疑わしい取引に該当する可能性のある取引として，特に注意を払うべき取引の類型を示したものである。

(2) 「疑わしい取引の参考事例」に形式的に合致する取引については，すべて疑わしい取引に該当するものとして，疑わしい取引の届出を行う必要がある。

(3) 個別の取引が疑わしい取引に該当するか否かについては，「疑わしい取引の参考事例」のほか，顧客の属性や取引時の状況等，金融機関が保有している情報から総合的に勘案して判断する必要がある。

〔問－36〕 外為法上の「本人確認」に関して，適切でない記述は次のうちどれですか。

(1) 外為法に基づく本人確認は，マネー・ローンダリング対策のための重要な制度であり，資産凍結等経済制裁措置の実効性を確保する目的もある。

(2) 金融機関は，顧客と10万円相当額超の特定為替取引を行うに際しては，本人確認を行わなければならない。

(3) 資本取引に係る契約の締結等の行為のうち，現金，持参人払式小切手等により受払いをする行為は，本人確認義務の対象ではない。

〔問－37〕 コルレス契約先への対応に関して，適切な記述は次のa～cのうちいくつありますか。

> a コルレス先が，犯罪収益移転防止法上の取引時確認等と同等の措置を的確に行うために必要な基準に適合する体制を整備していることを確認しなければならない。
> b コルレス先が，外国当局等の監督を受けていない者との間でコルレス契約を締結していないことを確認しなければならない。
> c コルレス先がいわゆるシェル・バンク（実態のない架空の銀行）でないこと等を確認する方法として，コルレス先から申告を受ける方法が認められている。

(1) 1つ

(2) 2つ

(3) 3つ（すべて適切）

〔問－38〕 外為法における適法性の確認義務に関して，適切でない記述は次のうちどれですか。

(1) 金融機関は，外為法上の規制対象に該当する顧客の支払等に係る為替取引を行う場合は，当該取引実施前に適法性の確認をしなければならない。

(2) 金融機関は，適法性の確認義務に違反したために財務大臣により是正措置を命じられた場合，当該措置をとるまでの間，外国為替業務の全部または一部の停止を命じられることがある。

(3) 金融機関と非居住者との預金契約や融資契約のような，物やサービスの移動を伴わない資本取引は，適法性の確認義務の対象外とされている。

〔問－39〕 国外送金等に係る報告・届出等義務に関して，適切でない記述は次のうちどれですか。

(1) 2,000万円相当額の国外送金を行った顧客は，外為法に基づき，金融機関を通じて財務大臣に支払等の報告をしなければならない。

(2) 金融機関は，顧客が100万円相当額を超える国外送金を行う場合，国外送金等調書法に基づき，国外送金等調書を税務署長に提出しなければならない。

(3) 貨物の輸出入に伴う支払や，非居住者による外国から本邦へ向けた支払の受領等は，外為法上の支払等の報告の対象外である。

〔問－40〕 外国送金等における各種規制に関して，適切でない記述は次のうちどれですか。

(1) 米国の財務省外国資産管理局（OFAC）は，米国の安全保障を脅かすとして指定された国・法人等が保有する資産の凍結等の規制を行っているが，日本の金融機関における当該国・法人等が関与する米ドル建の送金取引等は，当該規制の対象外である。

(2) OECDの共通報告基準（CRS）とは，各国の税務当局が，自国に所在する金融機関から非居住者が保有する金融口座情報の報告を受け，租税条約等の情報交換規定に基づき，当該非居住者の居住地国の税務当局に対してその情報を提供するものである。

(3) 日本の金融機関に新たに口座開設等をする場合は，当該金融機関に氏名，住所，居住地国等を記載した届出書を提出する必要があり，居住地国が外国の場合には，当該居住地国における納税者番号の記載が必要となる。

〔問－41〕 ガイドラインにおける「海外送金等を行う場合の留意点」に関して，適切でない記述は次のうちどれですか。

(1) 海外送金等の業務は，取引相手に対して自らの監視が及びにくいなど，国内に影響範囲が留まる業務とは異なるリスクに直面していることに留意した上で，リスクの特定・評価・低減を的確に行う必要がある。

(2) 送金人・受取人が自らの直接の顧客でない場合，制裁リスト等との照合のほか，コルレス先や委託元金融機関等と連携しながら，リスクに応じた厳格な顧客管理を行うことの検討が求められる。

(3) 輸出入取引等に係るリスクの特定・評価にあたっては，取引に係る国・地域のほか，取引商品，契約内容のリスクについて勘案が必要であるが，輸送経路や利用船舶等，取引関係者のリスクは勘案しなくてよい。

〔問－42〕　**海外送金におけるスイフト（SWIFT）に関して，適切な記述は次の**
うちどれですか。

(1)　金融機関の特定取引のうち，スイフトを介して確認または決済の指示が行わ
れる一定の取引は，危険度を低下させる要因を有する取引に該当するが，簡素
な顧客管理を行うことは許されない。

(2)　顧客からの送金を受け付けた仕向金融機関が，スイフト電文の作成かつ発信
を中継金融機関に依頼する場合は，中継金融機関が誤った事項を通知しないよ
う正確な通知事項を示す必要があり，中継金融機関においては，仕向金融機関
との間で正確なスイフト電文を作成するための連携が求められる。

(3)　仕向送金におけるスイフト等の電文に付記すべき事項は国際規則によって統
一されており，犯罪収益移転防止法においても，個人・法人いずれの場合も，
送金依頼人の取引時確認事項と同様の内容を付記する必要がある。

〔問－43〕　**リスクベース・アプローチに関して，適切でない記述は次のうちどれ**
ですか。

(1)　リスクベース・アプローチによるマネロン・テロ資金供与リスク管理態勢の
構築・維持は，FATFの勧告等の中心的な項目であり，日本の金融システムに
参加する金融機関にとって，当然に実施していくべき事項である。

(2)　リスクベース・アプローチに基づいて金融機関自らが特定・評価したマネロ
ン・テロ資金供与リスクは，マネロン・テロ資金供与対策を監督する金融庁が
策定したリスク管理基準の範囲内に収まるように低減することが求められてい
る。

(3)　リスクベース・アプローチの実施にあたっては，近年，情報伝達の容易性や
即時性の高まり等により，高度化に後れをとる金融機関が瞬時に標的とされて
マネロン・テロ資金供与に利用されるリスクが高まっていることに注意を払う
必要がある。

〔問－44〕　リスクの特定・評価に関して，適切でない記述は次のうちどれですか。

(1) 非対面取引は，本人特定事項の偽りや他人へのなりすまし等を看破する手段が限定されることから，対面取引と比べてマネー・ローンダリングのリスクが高い。

(2) 現金取引は，遠隔地への速やかな資金移動が容易な為替取引と異なり，実際に現金の物理的な移動を伴うことから，相当な時間を要する一方，匿名性が高く，資金の流れが追跡されにくい。

(3) 外国との為替取引については，各国・各金融機関がコルレス契約に係るマネロン・テロ資金供与対策を厳格に実施しているため，犯罪収益の追跡が容易である。

〔問－45〕　「顧客管理（カスタマー・デュー・ディリジェンス：CDD）」に関して，適切でない記述は次のうちどれですか。

(1) 顧客管理とは，個々の顧客に着目し，金融機関自らが特定・評価したリスクを前提として，個々の顧客の情報や取引内容等を調査し，リスク評価の結果と照らして，当該顧客に対して講じるべきリスク低減措置を判断・実施する一連の流れをいう。

(2) 顧客管理においては，取引関係の開始時および継続時に，個々の顧客やその行う取引のリスクの大きさに応じて調査を実施し，講じるべき低減措置を的確に判断・実施する必要があるが，取引終了時には，リスクがなくなるため調査等を実施する必要はない。

(3) 金融機関は，顧客管理の過程で確認した情報，自らの規模・特性や業務実態等を総合的に考慮し，すべての顧客について顧客リスク評価を実施するとともに，マネロン・テロ資金供与リスクが高いと判断した顧客については，リスクに応じた厳格な顧客管理を行うことが求められている。

〔問－46〕 「顧客管理（カスタマー・デュー・ディリジェンス：CDD）」における継続的な顧客管理に関して，適切でない記述は次のうちどれですか。

(1) 顧客の情報や取引目的は変化する可能性が低いため，取引開始時における顧客情報の確認を行っていれば，変化が生じたことを把握した場合にのみ情報の更新を行うことで足りる。

(2) 顧客のリスク評価に応じた中長期的な行動計画を策定した上で，その進捗を管理しながら着実かつ丁寧に対応を進めていくことが重要となる。

(3) 顧客に対して調査を行う場合は，顧客からの回答率を向上させるため，アンケート等の回答について，郵便の送付以外にも顧客属性や顧客との関係性を踏まえた回答チャネルの充実等も積極的に検討する必要がある。

〔問－47〕 「取引モニタリング」に関して，適切でない記述は次のうちですか。

(1) 取引モニタリングにあたっては，すべてのリスクを網羅するために，画一的なシナリオや敷居値によって幅広く不公正取引の疑いのある取引を検知する体制が求められている。

(2) 不自然な取引の検知に用いるシステムは，取引パターン分析のためのルールやシナリオの有効性について検証・分析を行うとともに，より検知に有効な取引の形態，抽出基準を特定する取組みの継続的な実施が重要である。

(3) 取引モニタリングの抽出基準の有効性の検証にあたっては，捜査機関等から凍結要請のあった口座の取引についてアラートが生成されていなかった場合に，その理由を検証し，必要に応じて抽出基準を見直すことがある。

〔問－48〕 「取引フィルタリング」に関して，適切な記述は次のa～cのうちいくつありますか。

> a 取引フィルタリングを適切に実施するためには，制裁対象者や制裁対象地域について，アルファベットで複数の表記方法があり得る場合に備えて，スペリングの違いについて幅をもって検索できる「あいまい検索機能」を適切に設定する必要がある。
> b 取引フィルタリングにおいては，国際連合安全保障理事会決議等で経済制裁対象者等が指定された際に，指定された事実が国連WEBサイトで公開された後，各国の時差を踏まえて遅くとも72時間以内に自らの顧客との差分照合を行う態勢等が求められている。
> c 取引フィルタリングにおいては，制裁対象者リストの照合手順を定めるだけに留まらず，該当候補者がヒットした場合の判断手順について具体的に定める必要がある。

(1) 1つ
(2) 2つ
(3) 3つ（すべて適切）

〔問－49〕 ITシステムの活用・データ管理に関して，適切でない記述は次のうちどれですか。
(1) ITシステムの有効性の検証においては，各金融機関の規模や特性等を勘案しなくてもよい。
(2) ITシステムの有効性の検証においては，マネロン・テロ資金供与リスクはその発生形態やリスクの増加等の変化が激しいことを踏まえ，必要に応じて外部の知見を活用することが有効となる。
(3) ITシステムに用いられる顧客情報，確認記録・取引記録等のデータについては，網羅性・正確性の観点で適切なデータが活用されているかを定期的に検証することが求められている。

〔問－50〕 マネロン等対策を巡る最近の動向に関して，適切でない記述は次のうちどれですか。

(1) 日本は，FATF第4次相互審査の結果について当初「重点フォローアップ国」とされたが，2022年10月の第1次フォローアップを受けて法令等遵守状況の評価が見直され，米国・ドイツと同じく「通常フォローアップ国」となった。

(2) FATFは，第5次相互審査において，第4次相互審査から導入した有効性（以下，「IO」という。）の審査に焦点を置くとともに，IOの評価について，全11項目の評価項目を維持しつつ，被審査国のリスクや第4次相互審査を踏まえて，重点審査分野を絞り込むとしている。

(3) 一部の地域金融機関においては顧客管理の取組状況に遅れが認められており，金融庁は，検査・監督のほか様々な意見交換会や研修・勉強会といったアウトリーチを通じて，顧客情報の更新を含む継続的な顧客管理に関する態勢整備を促している。

巻末資料
過去問題・解答

金融ＡＭＬオフィサー［実践］（2024年3月3日実施）解答

問－1	問－2	問－3	問－4	問－5	問－6	問－7	問－8	問－9	問－10
(3)	(1)	(1)	(3)	(2)	(3)	(1)	(1)	(2)	(1)
問－11	問－12	問－13	問－14	問－15	問－16	問－17	問－18	問－19	問－20
(1)	(2)	(3)	(1)	(3)	(3)	(3)	(2)	(1)	(1)
問－21	問－22	問－23	問－24	問－25	問－26	問－27	問－28	問－29	問－30
(1)	(3)	(3)	(3)	(2)	(3)	(3)	(3)	(1)	(2)
問－31	問－32	問－33	問－34	問－35	問－36	問－37	問－38	問－39	問－40
(1)	(1)	(3)	(2)	(2)	(3)	(3)	(3)	(1)	(1)
問－41	問－42	問－43	問－44	問－45	問－46	問－47	問－48	問－49	問－50
(3)	(2)	(2)	(3)	(2)	(1)	(1)	(2)	(1)	(1)

金融 AML オフィサー［基本］［実践］対策問題集 2024年度版

2024年 3 月31日　第 1 刷発行

編　　者　　日本コンプライアンス・
　　　　　　　　　　　　オフィサー協会
発 行 者　　志　茂　満　仁
発 行 所　　㈱経済法令研究会
〒162-8421　東京都新宿区市谷本村町 3 -21
電話 03-3267-4811㈹
https://www.khk.co.jp/

営業所／東京03（3267）4812　大阪06（6261）2911　名古屋052（332）3511　福岡092（411）0805

印刷／日本ハイコム㈱　製本／㈱ブックアート

		種 目 名	出 題 形 式	試験時間	受験料（税込）
実施日 2024年 6月2日（日） 願書受付期間 2024年 4月1日（月）〜4月17日（水）【必着】	午前実施種目	財務3級	五答択一マークシート式 50問	120分	5,500円
		財務4級	三答択一マークシート式 50問	90分	4,950円
		信託実務3級	五答択一マークシート式 50問	120分	5,500円
		デリバティブ3級	五答択一マークシート式 50問	120分	5,500円
		窓口セールス3級	五答択一マークシート式〈一部事例付〉 50問	120分	5,500円
		金融商品取引3級	四答択一マークシート式〈一部事例付〉 50問	120分	5,500円
		事業性評価3級	四答択一マークシート式〈一部事例付〉 50問	120分	5,500円
		金融コンプライアンス・オフィサー2級	四答択一マークシート式 50問	120分	5,500円
		金融個人情報保護オフィサー2級	四答択一マークシート式 50問	120分	5,500円
		※特別実施 金融AMLオフィサー［実践］	三答択一マークシート式 50問	90分	5,500円
		※特別実施 金融AMLオフィサー［基本］	三答択一マークシート式 50問	90分	4,950円
		金融AMLオフィサー［取引時確認］	三答択一マークシート式 50問	90分	4,950円
	午後実施種目	法務2級	三答択一付記述式 10題	180分	8,250円
		法務3級	五答択一マークシート式 50問	120分	5,500円
		財務2級	記述式 10題	180分	8,250円
		金融経済3級	五答択一マークシート式 50問	120分	5,500円
		法人融資渉外2級	記述式 10題	180分	8,250円
		法人融資渉外3級	五答択一マークシート式〈一部事例付〉 50問	120分	5,500円
		営業店マネジメントⅠ	記述式 10題	180分	9,900円
		営業店マネジメントⅡ	四答択一式 40問、記述式 6題	180分	8,800円
		個人融資渉外3級	五答択一マークシート式〈一部事例付〉 50問	120分	5,500円
		※新規・特別実施 DXビジネスデザイン	四答択一式 35問、記述式 2題	120分	7,150円
		金融コンプライアンス・オフィサー1級	記述式 10題	180分	8,250円

※金融AMLオフィサー［実践］・［基本］は、本来は10月実施の試験ですが、2024年度は6月にも特別に実施いたします。
※新規実施のDXビジネスデザインは、本来は3月実施の試験ですが、2024年度は6月にも特別に実施いたします。

── ▶▶お知らせ◀◀ ──
※実施日、願書受付期間、種目につきましては状況によって変更する場合がございます。
※各種目の受験料は、消費税10％込にて表示しております。消費税率変更の場合は変更税率に準じます。
※試験の時間帯（午前・午後）が異なる種目であれば、同一実施日に2種目までお申込みが可能です。
　検定試験運営センターでは、日本コンプライアンス・オフィサー協会が主催する認定試験および日本ホスピタリティ検定協会が主催する検定試験を銀行業務検定試験と併行して実施しております。

第158回銀行業務検定試験
WEB動画教材による受験対策講座

2024年6月2日（日）実施の銀行業務検定試験「法務2級」および「財務2級」の受験対策講座をストリーミング配信いたします。インターネットに接続できる環境があれば、PC、タブレットやスマートフォン等でいつでもどこでも学習いただけます。また、期間内であれば、何回でも視聴が可能です。

出題頻度の高い重要な項目から過去問題10問をセレクトし、わかりやすく解説します。

詳細につきましては、弊社ホームページをご参照ください。

WEB動画 受験対策講座

種　　目	担当講師 （予定）	視聴可能期間 （予定）
法務2級	福田　秀喜	2024年4月下旬 ～6月2日（日）
財務2級	柏木　大吾	

【お問合せ先】

本社営業部　　　　Tel：03-3267-4812
大阪支社営業部　　Tel：06-6261-2911
名古屋営業所　　　Tel：052-332-3511
福岡営業所　　　　Tel：092-411-0805

経済法令研究会 https://www.khk.co.jp/

●経済法令ブログ
https://khk-blog.jp/

2024年度 CBT試験実施のご案内

5月開始

実施日程：2024年5月1日（水）〜2025年3月31日（月）
申込日程：2024年4月28日（日）〜2025年3月28日（金）

試験種目	出題形式	試験時間	受験料（税込）
CBT法務3級	五答択一式50問	120分	5,500円
CBT法務4級	三答択一式50問	90分	4,950円
CBT財務3級	五答択一式50問	120分	5,500円
CBT財務4級	三答択一式50問	90分	4,950円
CBT事業承継アドバイザー3級	四答択一式50問	120分	5,500円
CBT事業性評価3級	四答択一式50問	120分	5,500円
CBT相続アドバイザー3級	四答択一式50問	120分	5,500円
CBT信託実務3級	五答択一式50問	120分	5,500円
CBT DXサポート	三答択一式50問	60分	4,950円
CBTサステナブル経営サポート （環境省認定制度 脱炭素アドバイザー ベーシックに認定）	三答択一式50問	60分	4,950円
CBT金融コンプライアンス・オフィサー2級	四答択一式50問	120分	5,500円
CBT金融個人情報保護オフィサー2級	四答択一式50問	120分	5,500円
CBT金融AMLオフィサー［実践］	三答択一式50問	90分	5,500円
CBT金融AMLオフィサー［基本］	三答択一式50問	90分	4,950円
CBT金融AMLオフィサー［取引時確認］	三答択一式50問	90分	4,950円
CBT社会人コンプライアンス	三答択一式50問	60分	4,950円
CBT社会人ホスピタリティ［実践］	四答択一式50問	120分	6,600円
CBT社会人ホスピタリティ［基本］	三答択一式50問	90分	4,950円
CBT共生社会コミュニケーション	三答択一式50問	60分	4,950円

6月開始

実施日程：2024年6月1日（土）〜2025年3月31日（月）
申込日程：2024年4月28日（日）〜2025年3月28日（金）

試験種目	出題形式	試験時間	受験料（税込）
CBT税務3級	五答択一式50問	120分	5,500円
CBT税務4級	三答択一式50問	90分	4,950円
CBT年金アドバイザー3級	五答択一式50問	120分	5,500円
CBT年金アドバイザー4級	三答択一式50問	90分	4,950円

申込方法

個人申込：株式会社CBT-Solutions のウェブサイトにある CBT試験申込ページ（下記URL）
からお申込みください。
https://cbt-s.com/examinee/

団体申込：団体申込をご希望の団体様には、団体様専用の申込・成績管理ウェブサイトのURL
を発行いたします。
団体様専用申込サイトからお申込みされた受験者様の情報や成績について、管理画面
で確認することができます。

〔試験に関するお問合せ先〕
検定試験運営センター
〒162-8464　東京都新宿区市谷本村町3-21　TEL 03-3267-4821

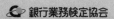
銀行業務検定協会
https://www.kenteishiken.gr.jp/